# Contos do Além

COORDENAÇÃO EDITORIAL

Laércio Mulati
Maria Amélia Bittencourt
Renato Leandro de Oliveira

Umberto Ferreira

# Contos do Além

1ª Edição
Janeiro de 2010
3.000 exemplares

CENTRO ESPÍRITA AMOR E CARIDADE
BAURU
2009 90 Anos CEAC

Rua 7 de Setembro, 8-56
Fone/Fax (14) 3227-0618
CEP 17015-031 - Bauru - SP
site: www.ceac.org.br
e-mail: editoraceac@ceac.org.br

Dados Internacionais de Catalogação na Publicação (CIP)
(Câmara Brasileira do Livro, SP, Brasil)

Ferreira, Umberto
Contos do além / Umberto Ferreira. -- 1. ed. --
Bauru, SP : CEAC Editora, 2010.

ISBN 978-85-86359-74-3

1. Contos espíritas I. Título.

09-12969 CDD-133.93

**Índices para catálogo sistemático:**

1. Contos espíritas : Espiritismo 133.93

# *Sumário*

# *Introdução*

Com muita satisfação, apresentamos vários contos que contêm importantes ensinamentos e que podem ser muito úteis, se julgarmos oportuno aplicá-los em nossas vidas com o objetivo de nos melhorarmos espiritual e moralmente.

Não são fictícios nem inspirados em acontecimentos verdadeiros; e sim, relatos reais feitos pelos próprios protagonistas ou pelos instrutores espirituais, sempre com o objetivo de ilustrar as suas aulas e ensinamentos, visando elevar os conhecimentos e o entendimento dos alunos e ouvintes.

São lições vivas que melhoram a nossa compreensão do Evangelho de nosso Incomparável Mestre.

Em todos eles, há fases que se passam na Terra e outras que ocorrem no Mundo Espiritual. Isso motivou o título do livro.

Foram-nos transmitidos por uma médium que se desdobra com grande facilidade, trazendo vívida lembrança do que vê e ouve. Depois que retorna ao corpo físico, redige com fidelidade os casos e as instruções.

Ela só nos forneceu o material com a condição de mantermos o seu nome em absoluto anonimato.

Nosso papel pessoal foi o de dar uma roupagem literária aos contos e fazer os comentários no final de cada um deles.

Consideramo-los eminentemente elucidativos.

O Autor

# *Cursos no mundo espiritual*

Como esclarecemos na introdução, os relatos são verdadeiros e foram feitos pelas próprias pessoas que viveram a experiência ou foram usados pelos instrutores espirituais para ilustrar as suas aulas e ensinamentos.

Para que o leitor compreenda melhor como se originou o livro, introduzimos um capítulo sobre os cursos que se realizam no Mundo Espiritual. Eles são destinados a encarnados – que os frequentam durante o desdobramento natural que o sono fisiológico proporciona –, com o objetivo de conhecer e vencer as imperfeições causadoras de muitos equívocos, bem como aperfeiçoar os trabalhos que executam na seara espiritual – e desencarnados –, com o propósito de se prepararem para o cumprimento de novas tarefas e também se melhorarem moralmente.

Deles participam servidores cristãos que se condidataram ao trabalho na Seara Espiritual como intérpretes do Evangelho, palestrantes, escritores, dirigentes, evangelizadores da infância e juventude, monitores e coordenadores de estudos, médiuns, educadores, pais, trabalhadores...

Qual é a vantagem para quem já estuda e trabalha na Terra de frequentar cursos como esses?

A resposta não é difícil, se levarmos em conta que as faculdades do espírito ficam reduzidas quando este está no corpo físico, como nos esclarece a Doutrina Espírita. Por isso, no Plano Maior, liberado temporariamente do vaso denso, consegue compreender melhor a profundidade dos ensinos da Boa Nova, bem como perceber os equívocos que vem cometendo e o padrão de comportamento que vem adotando, muitas vezes determinado pelos arquivos menos construtivos do inconsciente.

Esses cursos nos proporcionam indiscutíveis benefícios, como os descreve a médium citada na introdução.

"A maneira como nos acolhem os nossos amigos espirituais, deixa-nos envolvidos num clima de compreensão, que nos possibilita ou induz ao esforço de melhora e mudança interior.

Descobrimos como remover a muralha de culpa que nos atordoa, perdoando-nos inicialmente e, depois, estendendo o perdão aos que nos amaram e deram o máximo de si, mas se equivocaram, ferindo-nos o coração e, ainda, aos que se colocaram como nossos inimigos.

O perdão é um ato de amor e é um dos recursos mais poderosos para nossa evolução espiritual.

Assimilamos, com clareza, a passagem bíblica: 'Aquele a quem pouco se perdoa pouco se ama' (Lucas, 7:47).

Examinamos nosso passado com o cuidado de não ficarmos presos a ele. Dessas análises, tiramos grande aprendizado, que aproveitamos para fazer escolhas mais saudáveis, sem nos prendermos à culpa, mas aprendendo a agir com muito amor, justiça e caridade com nós mesmos e com os que nos rodeiam, ou seja, o próximo.

Sentimo-nos mais seguros e com a fé direcionada para o Alto.

Aprendemos que o amor e a caridade com o semelhante não devem ser cultivados sem levar em consideração a nós mesmos e a família e vice-versa. Estes se multiplicam quando distribuídos com equidade; e a consequência disso é a paz e o entendimento.

Tudo depende da nossa atitude mental, conforme ensina o nosso instrutor. Ele recomenda que nos isolemos do que é negativo e que repitamos sempre frases poderosas, que expressem otimismo, como: Não me rejeito mais! Sou feliz!."

Prosseguindo, ela nos apresenta, em frases curtas, os extensos benefícios que os participantes obtêm.

"A melhor compreensão dos ensinamentos de Jesus nos proporciona profundas reflexões que muito influenciam em nossas vidas, melhorando as nossas ações."

"Entendimento mais aprofundado das parábolas, com aplicações em nosso próprio favor e no relacionamento com o próximo."

"Pérolas de sabedoria que nos levam a perceber a importância de exercitarmos o diálogo e selecionar, com mais ponderação e rigor, as palavras que empregamos nas conversações, evitando sempre a monopolização da fala."

"Reconhecimento dos nossos equívocos, para podermos trabalhar a nossa melhoria, de dentro para fora."

"Melhora no relacionamento entre os familiares e o comportamento no lar."

"Capacidade mais aguçada, clara e objetiva de observação do comportamento das pessoas, permitindo-nos compreender-lhes as limitações decorrentes da evolução espiritual ainda incompleta, a fim de sermos mais indulgentes."

"Maior facilidade de captação das instruções dos bons espíritos, tanto quando estamos em desdobramento, quanto no corpo físico."

"Aumento da autoconfiança."

"Avanço na libertação espiritual."

"Aceitação do amor como força poderosa do Universo que nos possibilita superar os problemas do mundo."

"Amadurecimento e incremento das possibilidades de empreender 'vôos mais altos' nas conquistas espirituais."

"Cultivo dos ideais com mais perseverança."

"Melhores condições de vencer as paixões e as dificuldades do mundo."

"Maior compreensão de que nossos principais obsessores somos nós mesmos e de que só superaremos as obsessões, se eliminarmos as nossas imperfeições o mais rápido possível, mobilizando vontade firme para nos transformarmos moralmente."

"Conscientização da necessidade de fugir do intelectualismo estéril e da vaidade intelectual, lembrando-se de que a humildade se faz imprescindível em todas as situações e ocasiões."

"Manutenção do equilíbrio nas atividades, recordando-se de que a caridade começa no lar."

"Distinção clara entre autoconfiança e arrogância, e libertação do orgulho e da vaidade."

"Autoconhecimento mais profundo, incluindo os arquivos do inconsciente."

"Interesse em buscar valores novos."

"Desenvolvimento da capacidade de transmitir aos outros pensamentos elevados nas diversas situações, mesmo quando o entendimento se faz difícil."

"Acatamento do trabalho em equipes, com respeito, simpatia, com aceitação das diferenças."

"Reconhecimento da contribuição de cada colaborador, de acordo com as suas possibilidades, respeitando-lhes a liberdade justa e o nível evolutivo."

Agir sempre de acordo com a lei de amor, justiça e caridade."

# *Oportunidades*

Deus quer o nosso bem e nos auxilia no esforço que empreendemos para conquistarmos a perfeição.

As oportunidades que nos proporciona diretamente e através dos seus emissários são inumeráveis, razão por que não temos condições de relacioná-las, embora possamos destacar algumas, que se nos afiguram muito importantes: as suas leis – gravadas na consciência –, a reencarnação, os ensinamentos evangélicos, a intuição, as instruções dos espíritos durante o sono etc.

Muitos não as aproveitam convenientemente por resistência, uma vez que preferem seguir outros caminhos; outros, por não conseguirem identificá-las, devido às limitações que o corpo físico impõe ao espírito. Estes últimos recebem toda a atenção dos mensageiros divinos, que não medem esforços para ajudar os que lutam para superar as imperfeições. Entre os vários recursos que utilizam, incluem-se os cursos que se realizam no Plano Espiritual.

É natural que o leitor questione a vantagem destes sobre os estudos que todos podemos fazer no estado de vigília. O Espiritismo esclarece-nos que o espírito, durante a emancipação, "goza de mais faculdades" (*O Livro dos Espíritos*, questão 410). A sua visão se amplia e compreende melhor as questões espirituais e morais.

Escrevendo aos cristãos de Corinto, Paulo observa: "Mas se ainda podes tornar-te livre, aproveita a oportunidade" (1 Coríntios, 7:21). Os cursos são, pois, abençoados ensejos, que se bem aproveitados, podem exercer marcante influência em nossas vidas.

De modo geral, não nos lembramos do que foi elucidado durante as aulas, mas se formos observadores, perceberemos que acordamos com ideias novas e evidente desejo de adotar os padrões de comportamento apontados pelo Evangelho de Jesus.

# Ambição

Túlio tinha boa aparência e pele rosada. Residia numa favela de uma grande cidade. Era casado e pai de dois filhos.

Começou a trabalhar numa fábrica no cargo simples de operador de máquinas. Dotado de aguçada inteligência, grande habilidade e traquejo, conseguiu progredir bastante dentro da empresa, chegando a ocupar a chefia da sala de máquinas.

Ambicioso, nunca se contentava com o que tinha. Almejava sempre mais, invejando os que exerciam funções de gerência ou direção.

Apesar de viver numa favela, era destituído de humildade. Não aceitava críticas e julgando-se muito competente e capaz de executar as funções que viria a assumir, não frequentou, com assiduidade, as aulas de SOS e negou-se a ouvir as instruções sobre prevenção de acidentes, que lhe deveriam ser passadas por seu ex-chefe, antes de ser transferido para outra cidade.

Nos primeiros dias após a investidura no novo cargo, tudo transcorreu sem maiores problemas, todavia, antes de completar um mês, ao manejar uma das máquinas que ficava a cargo do chefe – portanto, sob sua responsabilidade –, acidentou-se, vindo a perder as duas mãos.

Mais tarde, já no Mundo Espiritual, passou a frequentar os cursos e a trabalhar com as equipes de assistência espiritual. Em especial, dedicando-se a ajudar àqueles que cultivavam hábitos que trazem prejuízos para o corpo, como, por exemplo, roer unha, e aos que revelam descontentamento com deficiências físicas ou limitações no organismo.

Dessa forma, ajuda-se a si mesmo, pois à medida que auxilia as pessoas ou os espíritos, suas mãos perispirituais vão sendo recompostas. E sente-se muito feliz com a oportunidade de servir ao próximo.

●●●

O comportamento do ser humano constituído por ambição, imprevidência e pobreza de humildade, pode gerar consequências sérias. No entanto, no presente caso, é bem possível que haja outros motivos não citados nesse relato, como algum débito de outras existências. Essa ideia ganha força, quando levamos em consideração a Misericórdia Divina.

Neemias refere-se a Deus como perdoador, clemente, misericordioso e grande em bondade (Neemias, 9:17). E Jesus, ao chamá-lo de Pai, confirma que Ele é, de fato, detentor de todas essas qualidades.

Nos seus memoráveis ensinamentos transmitidos no monte, o Mestre assevera: "Bem-aventurados os misericordiosos, porque alcançarão misericórdia" (Mateus, 5:7).

É dessa maneira que o Supremo Senhor nos julga, sobretudo quando conquistamos méritos por praticarmos tolerância, indulgência e bondade.

Assim sendo, é muito provável que Túlio, se não tivesse outros débitos a resgatar, mesmo tendo usado o seu livre-arbítrio para escolher a conduta que adotou, não amargaria sofrimento tão grande. Evidentemente, esse seria menor ainda, se além de merecimento, não se deixasse levar pelas más tendências e imperfeições.

# *Amor sublime*

Maria teve infância e adolescência modestas. Ainda jovem, casou-se com Onofre, passando a residir num casebre situado na região periférica da grande fazenda, em condições de pobreza.

Não decorreu muito tempo e o casal foi premiado com o nascimento de Thiago, o primeiro filho. Um lustro depois, chegou Teresa.

Embora tivessem vida muito simples, mantinham-se unidos por laços de amor, até que um acontecimento trágico veio alterar o curso de suas vidas: Onofre, movido por grande ambição, abandonou-os para viver com sua patroa, que era a rica proprietária da fazenda.

Para agravar o seu sofrimento, a fazendeira expulsou-a do ranchinho, juntamente com os filhos, que estavam com dez e quatro anos, respectivamente. E, quando seguiam pela longa estrada, tomou-lhes o cantil de água e as trouxinhas de roupas.

No caminho, cansados, com fome e sede, avistaram um grande alojamento de frades, sendo acolhidos fraternalmente. Os anfitriões permitiram que fizessem a higiene física e lhes ofereceram suculenta sopa e pernoite.

No dia seguinte, bem cedo, seguiu viagem com a filhinha, pois os servidores de Jesus, entendendo a situação, dispuseram-se a cuidar do garoto até que ela pudesse buscá-lo. Como o menino se identificou com eles, concordou em ficar.

Caminharam quase o dia todo, quando viram uma casa no alto da montanha. Nela residia um casal que, há anos, tentava ter filhos, sem obter êxito.

Os moradores ficaram felizes com a visita e se encantaram com a doçura da garota, prontificando-se a acolhê-la até que a mãe conseguisse emprego, alojamento e tivesse condições de retornar para levá-la.

Maria seguiu viagem no mesmo dia, chorando muito e enxugando as lágrimas com o seu velho vestido de chita. Cortava-lhe o coração recordar-se de sua pequena contorcendo-se em lágrimas. Chegou, enfim, à cidade.

Depois de várias tentativas, conseguiu emprego de doméstica na casa de um casal de idosos, com os quais residia um filho solteiro, de meia idade.

O moço era austero, porém galanteador, e a atormentava com a sua maneira atrevida de comportar-se.

Maria, que era meiga e tinha a pele lisa e rosada, lembrando pêssegos viçosos na época da colheita, mantinha-se discreta. Seu coração continuava preso ao grande amor da sua vida, cuja atitude ela não conseguia compreender, pois nunca deixara de reafirmar o seu sentimento em relação a ela, sobretudo por ter sido esposa tão amorosa e dedicada. Tinha um único objetivo: buscar os filhinhos. Preocupava-se, de modo especial, com a garota, que sempre foi muito apegada aos pais.

Antônio, o filho do casal, sabendo que ela havia reunido o dinheiro para trazer os filhos, ofereceu-se para buscá-los.

Na sua inocência, e acreditando que o propósito dele era sincero e puro, aceitou o favor, pensando que, assim, poderia guardar mais dinheiro para cuidar dela quando chegasse, bem como resgatar Thiago mais cedo.

Antônio ausentou-se da casa por um tempo. Reapareceu sozinho e explicou que o casal havia mudado, sem deixar endereço.

Abalada com a notícia, Maria entristeceu-se profundamente e parou de se alimentar. Logo a sua resistência declinou-se e contraiu uma doença pulmonar, provavelmente pneumonia. Os sintomas pioraram progressivamente e sobreveio a desencarnação.

Antônio faltara com a verdade. O casal continuava morando na mesma casa. Além de enganar a pobre mãe, fez amizade com os benfeitores de Teresa.

Tempos depois, os pais adotivos de Teresa foram premiados com chegada da filha tão esperada. Daí por diante, passaram a tratar Teresa como empregada da casa. Além disso, a legítima, que era gananciosa e travessa, passou a persegui-la, sempre humilhando-a e tirando-lhe até as roupinhas velhas e rotas que lhe sobravam. Mais tarde, mudou-se para a cidade para estudar, enquanto a vida de Teresa continuou a mesma.

Tiago permaneceu no seminário e seguiu a carreira religiosa.

Onofre logo descobriu o quanto amava Maria e a falta que ela lhe fazia e passou o resto da existência torturado de remorso e saudade.

No Mundo Espiritual, Maria, além de saber que fora ludibriada por Antônio, tomou conhecimento dos motivos de ter tido uma existência repleta de acerbos sofrimentos.

Na existência anterior àquela, havia sido uma mulher muito rica, cujo marido era Onofre, pertencente à alta sociedade. Grávida, nasceu-lhe uma menina com deformidades congênitas. Sua expectativa era de poder mostrar uma linda criança às amigas. Imaginando o constrangimento que sofreria, associou-se a uma enfermeira inescrupulosa, que se comprometeu a trocar a recém-nascida por outra. O plano foi exitoso. Recebeu uma linda menina, que pôde mostrar à sociedade.

Os pais da bela menina não descobriram o crime. Julgando que teriam um lindo bebê e vendo o seu sonho desmoronar, decidiram abandoná-la à porta de um mosteiro. Os frades não faltaram com o seu dever de servidores de Jesus. Acolheram-na e a ampararam.

Todos os personagens desse drama reencarnaram, a fim de dar continuidade à sua evolução espiritual e reparar o mal que fizeram.

Maria, que mantinha vivo o sublime amor por Onofre e sabendo que ele fora seu companheiro de várias vidas, pediu ao Supremo Senhor a oportunidade de reencontrá-lo, a fim de ajudá-lo a superar as imperfeições que o levaram a abandoná-la com as crianças.

Ela, que segue os ensinamentos de Jesus, obteve a permissão do Pai de misericórdia para unir-se a Onofre, que igualmente palmilha os caminhos indicados pelo Evangelho do Mestre e já reparou parte dos seus débitos.

Graças ao amor sublime de Maria, ela e Onofre, espíritos afins, estão unidos pelos laços do verdadeiro sentimento.

Ambos são frequentadores assíduos dos cursos que se realizam no Mundo Espiritual. Isso possibilitou-lhes conhecer, com detalhes, o seu passado e, portanto, conseguir sua autolibertação.

•••

Todos temos o livre-arbítrio de escolher o caminho largo, que leva à perdição – comportamento desprovido de princípios éticos com objetivos de usufruir dos gozos materiais –, ou o estreito, que leva à vida –, conduta dentro dos valores morais que as leis de Deus e os ensinamentos evangélicos estabelecem com a finalidade de buscar a espiritualização (Mateus, 7:13 e14). A opção pelo primeiro cria a obrigação de assumirmos a responsabilidade de repararmos o mal dela decorrente.

Maria contrariou os princípios morais para preservar o elevado conceito que tinha junto à sociedade da época; agradou aos homens, mas feriu a consciência. Assim que percebeu o mal que fez a si mesma e ao próximo, pediu ao Supremo a oportunidade de repará-lo. Enfrentou uma vida de grandes dificuldades e sofrimentos acérrimos, até que se liberasse da culpa. Da mesma forma, os filhos não sofreram sem razão de ser.

As pessoas que foram responsáveis pelo sofrimento de Maria e das crinças, inclusive Onofre, Antônio, a fazendeira e a filha do casal que acolheu Teresa, por sua vez, tiveram o ensejo de resgatar os deslizes na existência seguinte.

Os frades enriqueceram-se de amor e de méritos junto ao Criador.

O sofrimento não serve apenas para o pagamento de dívidas, mas também contribui para impulsionar a nossa evolução espiritual.

# A mulher e os padrões do Evangelho

Alcídia era uma senhora educada, simpática, amável e relativamente culta, que se relacionava facilmente com as pessoas, posto que era capaz de conversar sobre assuntos diversos, sobretudo porque tinha a preocupação de manter-se sempre atualizada e exteriorizava opiniões bem fundamentadas.

Acreditava que ser amável e praticar a caridade davam ao ser humano as condições para entrar no reino dos céus, por isso estimulava as pessoas à sua volta a agirem assim.

Zelosa com as moças que viviam na casa que comandava, conscientizava-as quanto aos cuidados que deviam ter com relação aos relacionamentos, não omitindo os perigos dos envolvimentos desprovidos de amor, que ali eram rotineiros e visavam ganhos financeiros e outras vantagens materiais; todavia, apoiava essa prática, que, indiretamente, era seu meio de vida.

Quando desencarnou, compreendeu que a sua situação era bastante desfavorável e enfrentou considerável sofrimento, até ser socorrida pelos mensageiros divinos. Pouco depois, passou a frequentar cursos no Plano Espiritual. Não tardou a compreender que não basta ser caridosa, amável e atualizada; e sim, que o espírito necessita despertar, transformar-se e desenvolver o máximo de predicados e aperfeiçoar os que já tenha conquistado. E que todos os relacionamentos devem ser fundamentados no amor legítimo, sem jamais envolver qualquer tipo de pagamento.

Já devidamente preparada, buscou o ambiente em que vivera, com o objetivo de dissuadir as antigas companheiras a mudar a conduta. Sensibilizada, projetava-lhes pensamentos, convidando-as a meditarem melhor sobre a vida que levavam e induzindo-as a entenderem que nenhum relacionamento sem amor compensa.

Seguindo sempre as orientações dos mentores espirituais, orava com frequência, rogando fervorosamente a Deus e a Jesus que a perdoassem e dessem oportunidade às suas amigas de mudarem de vida e seguirem as diretrizes da Boa Nova.

Certo dia, pode observar as garotas trocando ideias umas com as outras, especialmente duas delas, mais voltadas às preces, que estavam decididas a voltar ao seio da família e ao trabalho digno, nas áreas profissionais para as quais haviam sido formadas ou treinadas.

Emocionada, e sentindo-se gratificada pelo esforço que empreendera, dirigiu sentida prece ao Criador e a Jesus, agradecendo-lhes pela oportunidade que lhe deram de ajudá-las.

•••

Esse é o relato de uma pessoa que, como muitas outras, só depois que chegam ao Mundo Espiritual, e após acerbos sofrimentos morais, compreendem a extensão do mal que fizeram a si mesmas e ao semelhante, com a escolha de determinado tipo de vida ou comportamento, imaginando que poderiam compensar o mal com maneiras finas e a prática da caridade.

Ela afirma que, com certeza, encontraria mais paz, se a sua mensagem chegasse às mulheres que estão cometendo os mesmos equívocos que ela, que estão trocando a elevada missão do lar, fundamentada no amor, pela vida cheia de ilusões e de aventuras, aparentemente promissora em termos de recursos financeiros, sem os grandes sacrifícios dos que têm que se contentar em viver com orçamento apertado.

Gostaria muito de conscientizá-las a desistir desse caminho para que não tenham que sofrer tanto como ela para acordar e lutar pela conquista dos bens mais valorosos, que são os do espírito.

•••

A vida poderá ser mais difícil, se pautada nos ensinamentos de Jesus. Mas vale a pena, porque enfrentando as dificuldades na Terra, evitaremos o sofrimento moral – mais intenso –, na Pátria Espiritual.

É com o objetivo de ensinar a caminhar com segurança, que Jesus nos alerta:

"Entrai pela porta estreita (larga é a porta, e espaçoso o caminho que conduz para a perdição, e são muitos os que entram por ela), porque estreita é a porta, e apertado o caminho que conduz para a vida, e são poucos os que acertam com ela" ( Mateus, 7:13 e14).

É preferível escolhermos a porta estreita, que requer renúncia e sacrifício, a seguir a larga, que está de acordo com as nossas tendências inferiores e comodidade.

É ideal adotarmos os padrões do Evangelho para nortear todos os atos da vida. De acordo com eles, o sentimento legítimo e a responsabilidade devem estar na base de todo tipo de relacionamento, criando as condições para a maternidade, que é, em princípio, a tarefa mais nobre da mulher.

# *Anseio por fama e prestígio*

Clarice, médium especializada em pintura mediúnica, acalentava, no íntimo, intenso desejo de receber grandes vultos das artes plásticas e, através de sua faculdade, conquistar fama e prestígio.

No início, utilizava os produtos de seu trabalho para arrecadar recursos para a assistência aos menos favorecidos. Mais tarde, começou a desenvolver ambição.

Conseguia produzir verdadeiras réplicas de pintores renomados, já desencarnados.

Quando ia participar de uma sessão, sempre tinha a expectativa de receber um desses maiorais; por isso, sua imaginação não deixava de ficar excitada e alimentava-lhe a esperança – quase certeza – de que isso iria acontecer. Com isso, recrudescia-lhe a vaidade e a ganância aumentava dia a dia.

Suas telas, pintadas com grande rapidez, atraíam a atenção de muitos e eram vendidas com facilidade; por isso, passou a ser alvo de lisonja e aplausos frequentes, o que lhe gratificava muito o ego.

Iludida com os próprios talentos e influenciada pelas entidades infelizes, resolveu aceitar uma grande encomenda de réplicas para serem exportadas e vendidas como originais.

Quando a preparação da encomenda já estava adiantada, inexplicavelmente, começou a sentir dificuldades em reproduzir as obras, percebendo que algo havia acontecido. Um tanto desesperada, em prece, pediu ajuda ao Criador, que, imediatamente, enviou os seus mensageiros para socorrê-la. Eles a levaram, em espírito, ao Mundo Espiritual, onde tomou conhecimento do que havia ocorrido.

Espíritos trevosos, utilizando as suas imperfeições e tendências, exerciam poderosa influência sobre a sua mente, fazendo-a acreditar que era detentora de extraordinária faculdade mediúnica, que era capaz de preparar grande quantidade de réplicas e que poderia exportá-las como originais e cobrar preço alto.

Observou que a sua faculdade mediúnica estava cada vez mais debilitada e sua saúde já vinha sendo afetada, tanto em relação ao sistema nervoso (irritabilidade, insônia e prejuízos de memória), como ao aparelho digestivo.

Teve a oportunidade, também, de tomar conhecimento dos planos dos Espíritos inferiores, que trabalhavam por sua rápida decadência mediúnica e para que terminasse os seus dias na prisão.

Compreendeu que ela e outros medianeiros que recebiam espíritos que se dedicavam aos diversos campos das artes, desejosos de conquistarem prestígio e fama, nada mais possuíam do que sinais de inferioridade moral; por isso corriam riscos de fracassarem em suas tarefas, sofrendo queda muito mais rápida do que a subida temporária.

•••

Os dons espirituais não constituem méritos nossos, mas oportunidades dadas pelo

Criador para o nosso crescimento espiritual; por isso, não devem ser utilizadas para alimentar a nossa ambição ou sede de fama e notoriedade entre os homens. Em sua memorável aula no Monte Tabor, afirmou Jesus:

"Assim brilhe a vossa luz diante dos homens, para que vejam as vossas boas obras e glorifiquem a vosso Pai que está nos céus." (Mateus, 5:16).

O único benefício que podemos esperar do exercício das faculdades mediúnicas é a nossa iluminação íntima. Toda a glória compete ao Pai.

É preferível interromper o exercício de qualquer mandato mediúnico ou outro dom espiritual, a praticá-los de modo a provocar o recrudescimento do interesse material, orgulho, vaidade ou qualquer imperfeição moral; pelo menos, não corremos o risco de piorar a nossa situação espiritual, alimentando as nossas imperfeições.

O melhor mesmo é fazermos todo o bem ao nosso alcance, com discrição, modéstia e humildade, e desprovidos de qualquer interesse de ordem material ou moral.

●●●

O médium envaidecido fica mais vulnerável às influências dos espíritos enganadores, que projetam na sua mente falsas visões ou intuições deturpadas, com a aparência de autenticidade, para que tenha a impressão de estar sendo assistido pelos servidores de Jesus.

Referindo-se aos maus profetas, alerta-nos Jeremias: "visão falsa, adivinhação, vaidade e o engano do seu íntimo são o que eles vos profetizam" (Jeremias, 14:14). A esses riscos ficam expostos os médiuns, sempre que se deixam levar pela vaidade ou por interesses menos dignos; nessa condição, não conseguem manter a sintonia com a Espiritualidade superior, resvalando-se para faixas inferiores e tornando-se os alvos preferidos das forças espirituais contrárias ao bem.

Dessa forma, o medianeiro que quiser seguir, com firmeza, no caminho do bem, precisa cultivar o hábito da oração, estudar constantemente e servir com discrição, humildade e total desinteresse.

# Apego aos bens materiais

Elenice vivia na zona rural, no Nordeste, na companhia de Francisco, o marido, e de um casal de filhos, Gertrudes e José, numa fazenda de propriedade do casal.

Ela, apesar de ser portadora de traços delicados, tinha personalidade forte, tomava a frente na administração dos negócios.

O marido era simples, modesto e trabalhador, e não tinha dificuldade em acatar as determinações da esposa.

Gertrudes era obediente e acatava o que a mãe lhe falava; por isso, casou-se com um rico fazendeiro, escolhido pela genitora, e mudou-se para um estado da região Sudeste.

José apresentava sequelas de paralisia infantil. Apesar disso, e com grande esforço, aprendeu a trabalhar dentro das suas limitações e permaneceu na companhia dos pais.

Elenice tinha grande apego aos bens materiais. Não se afastava da fazenda por nenhum motivo na época da colheita, sobretudo do caju, que lá era cultivado em larga escala. Foi o que aconteceu na época da vacinação contra a paralisia infantil. Com isso, o filho não foi imunizado e acabou contraindo a doença, tornando-se revoltado com a mãe.

Francisco sofria por ter aceito, desde o início do casamento, a maneira impositiva da esposa, o que contrariava os seus princípios; também pelo excessivo apego e preocupação dela com as coisas materiais, relegando os filhos a segundo plano. Vendo o filho naquela situação, muitas vezes se perguntava por que motivo não tomara a iniciativa de fazer o que julgava certo. Como consequência, desencarnou muito cedo.

Com a sua volta à Pátria Espiritual, permaneceram na fazenda ela e o filho. Devido ao caráter empreendedor e à experiência adquirida, não encontrou dificuldade em continuar a vida na fazenda.

Os anos passaram. Com menor resistência por causa da idade, contraiu pneumonia. A febre e a tosse aumentavam progressivamente; os calafrios e a fraqueza causavam-lhe grande desconforto. Solicitou, então, ao filho que a levasse à cidade para consultar um médico. No entanto, ele, que foi condicionado a não se afastar da fazenda no período da safra, inconscientemente, pediu-lhe que esperasse mais alguns dias. Seu organismo, no entanto, não resistiu, vindo a desencarnar pouco tempo depois.

Já no Mundo Espiritual, veio a saber que desencarnara antes do tempo, por ter passado a vida aferrada aos bens materiais e ter desenvolvido no filho o mesmo apego.

●●●

Apesar do progresso intelectual significativo que já conquistou, o homem permanece cheio de imperfeições, dentre elas, destaca-se o egoísmo e o consequente apego aos bens materiais. Nessa condição, sua vida transcorre de modo muito material e os valores que cultiva são os do mundo.

O sentimento de amor ao próximo é bastante pequeno e o de caridade praticamente inexiste.

Elenice encontrava-se nesse estágio, posto que não conseguiu priorizar a saúde do filho, perdendo a oportunidade de vaciná-lo contra a paralisia infantil. Assim como foi capaz de decidir o casamento da filha, baseando-se, fundamentalmente, nas posses daquele que elegeu para genro.

Jesus conscientizou-nos a separar as coisas materiais das espirituais, quando afirmou:

"Dai, pois, a César o que é de César e a Deus o que é de Deus". (Mateus, 22:21).

Essa separação é muito importante, pois o apego à matéria é um obstáculo ao progresso do espírito, dificultando-lhe as percepções espirituais e a compreensão dos ensinamentos evangélicos, que são imprescindíveis a seu adiantamento moral.

# Autoconfiança

Silvério é um trabalhador espírita e palestrante eficiente.

Portador de indiscutível autoconfiança, goza do respeito e admiração das pessoas que lhe assistem as palestras, as quais não economizam palavras para enaltecer a sua competência e elogiá-lo pela inteligência e brilhantismo. Suas ideias são sempre bem acatadas.

No fundo, sempre se sentiu bem com a evidência e enaltecimento, mesmo sabendo que seu brilho ofusca a capacidade de outros seareiros.

Enfatiza a importância da humildade, mas, na prática, não consegue superar completamente certo espírito de grandeza.

Durante o sono fisiológico, frequenta, assiduamente, o curso de aperfeiçoamento de palestrantes que se realiza no Mundo Espiritual.

Por ser portador de grande experiência, o dirigente espiritual, certa vez, propôs-lhe responsabilizar-se por alguns módulos e convidou-o para um encontro, a fim de acertar os detalhes relativos às aulas.

Entrou na sala do instrutor, sem esconder o contentamento pelo convite e cumprimentou-o educadamente. Não disfarçou, também, a íntima convicção de que reunia os requisitos para tal tarefa. Após a saudação, o sereno servidor de Jesus invitou-o a sentar-se e mostrou-lhe as planilhas contendo o conteúdo que deveria apresentar. Em seguida, falou da metodologia que seria utilizada.

Silvério foi logo dizendo que dominava todos eles e que não teria dificuldade em ministrá-los; todavia, demonstrou certa surpresa quando o instrutor lhe recomendou prudência no momento da explanação, bem como muita atenção nas expressões faciais dos ouvintes durante a realização das atividades que desenvolveriam através da escrita.

Também ponderou que seria indispensável evitar a monopolização da palavra quando fosse responder aos questionamentos dos aprendizes, sempre com o cuidado de respeitar-lhes as ideias, desde que estivessem dentro da Codificação.

Muito inteligente e perspicaz, ele, que sempre foi elogiado e aplaudido na Terra, pelo domínio que tinha sobre conhecimento e capacidade de transmiti-lo, compreendeu que as observações eram pertinentes. Tinha a convicção de ser portador de indiscutível autoconfiança; todavia, naquele momento, percebeu que havia mais do que isso: não havia superado o sentimento de grandeza, imperfeição moral que trouxe de outras existências.

•••

Na Terra, raros conseguem permanecer em evidência, por serem dotados de grandes conhecimentos, completamente despojados de todo sentimento de autovaloração, posto que são espíritos imperfeitos.

Essa nossa tendência para manifestarmos espírito de grandeza levou o profeta Jeremias a nos transmitir o alerta do Senhor: "Não se glorie o sábio na sua sabedoria" (Jeremias, 9:23).

Os cristãos não constituem exceção. A diferença está na consciência que têm da necessidade de lutar, sem tréguas, para vencê-lo. E conquistar simplicidade e humildade.

Nem mesmo nós, espíritas-cristãos, inclusive os mais esclarecidos – trabalhadores em geral, dirigentes, médiuns, palestrantes, escritores, doutrinadores de Espíritos –, podemos afirmar que o vencemos totalmente.

Essa luta não nos leva à vitória numa única existência. Prossegue ao longo do tempo. E não temos uma previsão de quando ingressaremos no grupo dos verdadeiramente simples e humildes.

Ninguém pode, pois, exigir que nos libertemos dessa imperfeição de uma hora para outra, pois o que o Mestre espera dos seus seguidores é que persistamos no bom combate até nos livrarmos dela. E, assim, possamos nos expressar como no Salmo: "Senhor, não é soberbo o meu coração, nem altivo o meu olhar" (Salmo 131:1).

# *Busca e acharás!*

Leonora era uma jovem de traços delicados, de voz doce e de tom moderado, gestos suaves e compassados.

Pertencia a uma família de parcos recursos, estudava em bibliotecas, fotocopiava textos e pedia livros emprestados aos colegas. Além disso, esses eram seus presentes preferidos em aniversários ou outros eventos.

Durante a escolaridade, sempre teve facilidade em todas as disciplinas. Quando surgia qualquer dificuldade, esforçava-se mais e logo a superava. Seu desempenho escolar ia além das expectativas dos próprios professores.

Apreciava, sobremaneira, o ambiente literário.

Na escola, muitos invejavam o seu potencial, muita vez colocando-lhe defeitos no comportamento e aparência física, embora fosse muito bonita. Era portadora, também, de grande beleza interior.

Quando fez vestibular, aumentou mais ainda as horas dedicadas ao estudo, tendo sido aprovada em quatro universidades.

Mantinha serenidade, bom ânimo e disposição para as diversas atividades.

Não só quando era criança, como também na juventude foi sempre frequentadora das aulas de Evangelho e Doutrina Espírita. Quando se desprendia do corpo, durante o sono, frequentava cursos no Mundo espiritual.

Certa vez, no Plano Maior, concordou em ir ao encontro de um grupo de jovens que haviam adotado a chamada vida livre como maneira de proceder, constituído, em sua maioria, pelos que lhe invejavam o desempenho nos estudos, com o propósito de auxiliá-los. Na oportunidade, solicitaram-lhe algumas dicas sobre como passar no vestibular. Ela, prontamente, atendeu-lhes o pedido:

– Orar; manter a serenidade; desenvolver o hábito e gosto de ler; cultivar bom ânimo;

aprender primeiro e exercitar a aprendizagem, ensinando aos outros com gentileza e alegria; disciplinar o estudo, planejando dia, hora e tempo de duração para cada disciplina e reservando horário mais prolongado para aquelas menos interessantes ou que não agradam; fazer preces para os professores simpáticos e um pouco mais para os que não o são; estudar bastante nos anos que antecedem ao vestibular, a fim de reservar o último mais para revisão e sedimentação do conteúdo, tendo em vista que esse exame é uma avaliação do que o estudante aprendeu durante todo o seu período de escola.

Leonora seguia as recomendações de Jesus: Busca e acharás.

•••

Ao contrário do que muitos pensam, o Cristianismo não nos ensina a viver resignados e acomodados com as dificuldades e o sofrimento. Na verdade, conscientiza-nos de que devemos ir à luta com o objetivo de descobrir e desenvolver recursos que nos livrem ou amenizem a dor e permitam-nos ter uma vida mais confortável.

As palavras de Jesus não deixam dúvidas: "Pedi, e dar-se-vos-á; buscai, e achareis; batei, e abrir-se-vos-á" (Mateus, 7:7). Podemos pedir a Deus que nos ajude a conquistar vida mais confortável, saúde e melhoria moral, mas precisamos fazer a nossa parte, estudando e laborando bastante e fazendo esforços para progredirmos moralmente. Ele nunca deixa de nos auxiliar, desde que não meçamos esforços para conseguir os resultados almejados.

# *Caridade exclusivista*

Antenor foi um homem de prestígio na cidade onde vivia. Era muito religioso, mas julgava que a sua doutrina fosse a única certa.

No período em que foi prefeito, usava a sua posição para dificultar as reuniões espíritas. Além de negar os recintos públicos para a realização de eventos kardecistas, marcava comícios ou outro tipo de promoção na proximidade, a fim de conturbar o desenrolar das atividades. Também negava qualquer tipo de ajuda.

As suas atitudes eram comentadas no seio da família, de tal modo que desenvolveu neles o mesmo espírito de intolerância.

Permaneceu com essas convicções e comportamento até o final da existência.

No Mundo Maior, teve a surpresa de ser amparado pelos espíritas, cuja doutrina tanto havia combatido. Depois de algum tempo, aceitou o convite dos espíritos para começar a estudar o Evangelho.

Durante o período de aprendizado prático, quando acompanhava as equipes que realizavam trabalhos de assistência, reivindicou, em tom de protesto, a oportunidade de visitar os familiares, com o objetivo de convencê-los a alterar as iniciativas programadas para prejudicar as atividades espíritas.

Os instrutores espirituais tentaram conscientizá-lo de que, antes de mais nada, precisaria aprender a praticar a caridade incondicional, sem privilégios pessoais. Como continuasse irredutível, inconformado, os sábios mentores decidiram atender-lhe a solicitação.

Já em casa, um tanto inquieto e agitado, tentou falar-lhes, percebendo, no entanto, que não o escutavam, como se não estivesse ali. Queria evitar que chegassem ao Mundo Espiritual nas mesmas condições que ele, mas não obteve êxito.

Refletindo sobre essa experiência, compreendeu que precisaria melhorar-se para atingir os objetivos almejados. Passou, então, a orar todos os dias, rogando a Deus e a Jesus que lhe dessem a oportunidade de transmitir boas ideias aos familiares, de modo que pudessem entendê-lo. Da mesma forma, prosseguiu os trabalhos de assistência aos semelhantes, desenvolvendo o amor fraternal puro e sincero.

Tempos depois, já integrado às equipes espirituais, retornou ao ambiente dos familiares, transmitindo-lhes, serenamente, pensamentos edificantes, da mesma maneira como fazia com o semelhante. Dessa vez, verificou que seu esforço não fora inútil. Repetiu a experiência, constatando, pouco tempo depois, que passaram a seguir-lhe as novas coordenadas.

Comovido pela rapidez com que mudavam de comportamento, em lágrimas, enviava ao Criador e ao Mestre sentidas orações de agradecimento.

•••

Jesus não trouxe o seu Evangelho apenas para um povo ou para os seguidores de uma mesma doutrina ou seita; e sim, para a Humanidade inteira. Por ocasião do grande julgamento, diz que reunirá "todas as nações" (Mateus, 25:32); quando se refere à prática do bem, afirma: "sempre que o fizestes a um dos meus pequeninos irmãos" (idem, 25:40).

O Mestre não especifica a nação, nem a religião, pois considera todos os homens ovelhas do seu rebanho.

O espírito de seita não une, pelo contrário, divide e afasta.

A caridade não deve, portanto, ser feita somente entre os membros de uma determinada doutrina. Da mesma forma, é preciso tomar cuidado de não condicioná-la, de tal forma que seja feita somente depois que os assistidos participarem de determinado culto ou reunião espiritual, embora nada impeça que sejam convidados a participar de uma preleção de moral cristã, precedida e encerrada com oração.

É o que Antenor aprendeu no Mundo Espiritual.

# Comentários infrutíferos

Marilena é professora e médium psicofônica de meia idade. Durante o sono, frequenta um dos cursos realizados no Mundo Espiritual, num dos centros de estudos.

Numa das aulas, teve a oportunidade de ouvir importantes esclarecimentos sobre os comentários infrutíferos que costumamos fazer na Terra, dos quais apresentamos brevíssimo resumo:

– Não devemos perder tempo, nem desperdiçar energias com pensamentos ou comentários sobre coisas pequenas ou sobre o comportamento de outras pessoas, tentando encontrar explicações sobre os motivos que as levaram a mudar tanto, a agir de uma maneira ou de outra, a ficarem melindradas com tanta facilidade. Muita energia é desperdiçada, porquanto esses comentários são infrutíferos. Por outro lado, desviam a mente do bem, interrompendo-nos a sintonia com os bons Espíritos, que sempre nos ajudam e favorecem a ligação com os Espíritos menos esclarecidos, que costumam sugerir maus pensamentos, induzindo-nos a tirar conclusões equivocadas, além de provocar-nos mal-estar, ou mesmo, doenças.

Nesta aula, pôde compreender o que se passava, pois vinha fazendo o possível para colocar em prática os ensinamentos de Jesus e dos espíritos, mantendo a vigilância, com a leitura do Evangelho, preces e o cultivo de pensamentos construtivos, e envidando esforços para aprimorar a linguagem, com a eliminação de toda palavra torpe e expressões fortes. E, no entanto, costumava apresentar episódios de mal-estar que não eram provocados por problemas físicos.

Conscientizou-se, portanto, que gastava precioso tempo matutando sobre os atos ou comportamento dos familiares e amigos mais chegados que, frequentemente, agiam de modo equivocado, devido às suas tendências inferiores e à influência negativa de espíritos obsessores. Por ser muito amorosa, não conseguia manter um padrão mental ideal e perdia a serenidade, manifestando indignação, embora justa.

Nesses momentos, espíritos menos esclarecidos, alguns deles ligados aos próprios familiares, aproveitavam a oportunidade para sugar-lhe as energias. Da mesma forma, ficava suscetível às irradiações negativas de encarnados que a invejavam e desejavam a sua ruína. Os fluidos negativos que emanavam atingiam o seu organismo, comprometendo-lhe a saúde física.

Marilena saiu da palestra satisfeita por ter encontrado a explicação para as perturbações momentâneas e os problemas de saúde que vinha tendo, e firmou o propósito de não mais se preocupar com os atos e comportamentos dos parentes e amigos mais próximos, preferindo cultivar indulgência e compaixão, com o cuidado de preservar a serenidade.

•••

Os comentários infrutíferos, assim como a maledicência, contaminam-nos a casa mental. Assim, ela funciona como um verdadeiro ímã para atrair os maus pensamentos e fluidos ruins.

Sentimentos inferiores, pensamentos negativos, pessimismo, maledicência e atos indignos contribuem para a formação de um ambiente que favorece a ação dos espíritos inferiores e atrai as irradiações de baixo teor dos encarnados.

Quando evitamos tudo isso, mas permitimos envolver-nos na faixa mental dos que agem dessa maneira, abrimos as nossas portas para o mal. Pior, se perdermos a serenidade.

A medida mais adequada é a total desvinculação com tudo o que não está de acordo com as leis de Deus. É sacudir o pó dos pés, como recomendou Jesus aos discípulos (Mateus, 10:14). Isso quer dizer que é melhor deixarmos todo o mal para trás e vivermos sempre pensando, sentindo, falando, ouvindo e fazendo o bem.

# *Conquista da felicidade*

Após o término de uma reunião no Mundo Espiritual, Eunice, uma senhora idosa, em desdobramento fisiológico, adentrou o recinto e dirigiu-se aos presentes:

– Para que possa seguir minha vida com mais calma, podem responder-me onde reside a felicidade? Pergunto, porque na Terra a felicidade nunca é plena. Os ricos e poderosos são inseguros e temem perder os bens materiais conquistados. Os pobres sentem a falta de quase tudo e são cobrados pelos familiares, que almejam mais conforto e vida melhor. Os doentes afirmam que seriam plenamente felizes se fossem saudáveis. Os que gozam saúde carecem de tantas outras necessidades e vislumbram paz.

O instrutor espiritual deu aos presentes a oportunidade de dar a resposta, solicitando que o candidato erguesse a mão. Imediatamente um senhor manifestou a intenção de responder.

– Logo que começou o curso que faço aqui, fiz essa mesma pergunta. A resposta surgiu naturalmente, à medida que as aulas se sucediam. De início, compreendi que só podemos aspirar à felicidade, se estivermos dispostos a mudar a maneira de encarar a vida. Antes, tinha-a, mas era pequena, e devia-se, em grande parte, ao prazer de realizar eventos importantes. Com o tempo, percebi que esse sentimento nasce das coisas mais simples, como contemplar o pôr do sol, sentir uma brisa, olhar as flores e aspirar o seu perfume, observar a Natureza... Não precisava mais organizar acontecimentos grandiosos, porque os mais simples já me proporcionavam grande satisfação e alegria. Minha vida está cada vez melhor. Sinto-me bem mais feliz.

A senhora, com um semblante bem mais sereno e confiante, perguntou:

– Será que terá uma vaga para eu participar dessas aulas?

A resposta foi dada por uma recepcionista que estava presente no recinto.

– Sim. Sinto-me plenamente feliz todas as vezes em que preencho a ficha de um novo participante do curso.

•••

Se condicionarmos a felicidade a grandes conquistas ou aos bens transitórios, corremos o risco de nunca a encontrarmos na Terra, pois não está nos grandes acontecimentos, ou no acúmulo de valores materiais. Não depende do que deixamos no mundo, mas, principalmente, do que levamos conosco quando passamos para a Pátria Espiritual.

Como concluiu o aluno do curso, ela está nas coisas simples, mas só as valorizaremos se formos menos exigentes e tivermos paciência para observar.

Segundo os ensinamentos dos espíritos, não podemos pretender uma vida plenamente feliz, por ser ainda bastante denso o nosso corpo e as condições do nosso planeta significativamente grosseiras, mas temos condições de almejar uma felicidade relativamente grande, se nos dispusermos a seguir as leis de Deus.

É isso que Pedro nos recomenda: "Pois quem quer amar a vida e ver dias felizes... aparte-se do mal, pratique o que é bom, busque a paz e empenhe-se por alcançá-la" (1 Pedro, 3:10 e 11).

Trilhando esse caminho, temos possibilidades de começar a ser felizes na Terra.

# *Cumprimentos no ambiente religioso*

Teotônio havia terminado sua palestra num encontro espírita que se realizava numa cidade do interior. As pessoas começaram a retirar-se do auditório, quando uma senhora, num tom de voz que permitia aos circunstantes ouvirem, disse ao esposo:

– Agora, eu vou dar um abraço no senhor Teotônio. Como sei que você não gosta disso, sugiro que me espere lá fora.

O palestrante, que a conhecia, não apenas no meio espírita, correspondeu-lhe ao abraço fraternal.

Mais tarde, soube do que a senhora havia dito ao marido e sentiu grande constrangimento.

No Plano Espiritual, recorreu aos instrutores, sempre prontos a ajudar a todos a encontrar a solução para os problemas que surgem.

Após ouvir o seu relato, o mentor convidou-o a fixar a atenção em uma das telas usadas no curso de aperfeiçoamento de palestrantes, a fim de que pudesse observar, com os olhos do espírito, dois ambientes religiosos.

Disse o dirigente do culto de um deles:

– A paz de Cristo nos uniu! Saudação aos irmãos!

As pessoas que participavam (homens e mulheres) cumprimentaram, sucessivamente, o vizinho da esquerda, da direita, da frente e de trás, com um aperto de mão.

Em seguida, despediu-se:

– Retornem aos seus lares na paz de Cristo!

Um intenso foco de luz projetava-se sobre todo o recinto.

As pessoas foram-se retirando com ar de contentamento e expressão serena.

Disse o dirigente da reunião do outro ambiente:

– "Amai-vos uns aos outros!", disse o Cristo. Abracem os quatro irmãos que estiverem mais próximos da sua cadeira! Abracem-se com fervor, emanando fluidos de amor! Compartilhem a fraternidade!

Seguiram-se os abraços. As pessoas estavam alegres, exceto algumas que se mostravam descontentes.

Nesse momento, apesar da luz que clareava o ambiente, névoas densas foram observadas em torno da cabeça de parte dos presentes.

Ao retirarem-se, muitos estavam bem, em paz; outros, entretanto, saíram gesticulando e demonstrando contrariedade.

Não houve necessidade de qualquer comentário, pois Teotônio entendeu que é ideal que os cumprimentos no ambiente religioso não ultrapassem o aperto de mão, quando se tratar de pessoas de sexo diferente.

•••

O aperto de mão é uma forma respeitosa de saudação usada amplamente, que, em princípio, não dá margem a interpretações maliciosas.

O abraço e o beijo, mesmo que este seja dado somente na face, não são aceitos da mesma maneira por muitos indivíduos, que não os consideram adequados para os cumprimentos entre homens e mulheres. De fato, nem todos conseguem manter total pureza ao aproximar-se do sexo oposto, mesmo num templo religioso, e não fazem qualquer esforço para disciplinar as reações mais íntimas; e, por terem a sexualidade reprimida ou serem portadores de desequilíbrios ou viciações, não conseguem frear manifestações de natureza libidinal.

Algumas pessoas são carentes de afetividade e aproveitam o momento do abraço e beijo – que lhes permite aproximação muito estreita de outra –, para compensar-lhes a insatisfação íntima ou frustração.

Os pensamentos menos nobres e as manifestações de sensualidade, ainda que imperceptíveis aos olhos humanos, geram ondas mentais de baixo teor, que formam verdadeiras nuvens escuras e contaminam o ambiente.

Há aqueles que buscam os ambientes religiosos com o propósito de se libertarem de viciações na esfera da sexualidade, mas não conseguem atingir os objetivos em pouco tempo. Quando encontram oportunidades de abraçar pessoa do sexo oposto, muita vez, dão livre curso aos impulsos inferiores.

Os centros espíritas – as mocidades inclusive – não estão livres de pessoas com tais desequilíbrios. Ao contrário, são muito procurados por enfermos da alma, que vêm em busca de ajuda, porém não conseguem melhorar-se de uma hora para outra.

Não podemos deixar de considerar a situação dos cônjuges que não acham normal a esposa ou o esposo cumprimentar amigos em geral ou colegas de uma comunidade religiosa, do sexo contrário com abraços e beijos, e sofrem por isso.

A Bíblia não relata o uso de abraços, a não ser entre homens, no Cristianismo nascente. Quando Paulo incentiva a saudação entre os irmãos com "ósculo santo" (2 Coríntios, 13:12) – "beijo de paz e amizade", segundo o Novo Aurélio – refere-se às pessoas do mesmo sexo.

Os tempos são outros; todavia, em virtude das razões expostas, e por questão de prudência, não é conveniente incentivar essa prática nos ambientes religiosos na atualidade.

# Difícil despertar

Nívia Maria era uma menina da zona rural, de família modesta e de prole numerosa.

Era temperamental, revoltada e respondona. Apresentava variações de humor, contestava as medidas disciplinares da mãe, desobedecia-lhe e também ao pai, que era severo. Tinha o hábito de omitir-lhes ocorrências. Mentia com frequência e fazia muita travessura.

Mudou-se para a cidade para dar continuidade aos estudos, mas interrompeu-os muito cedo.

Logo que entrou na adolescência, começou a ter relacionamentos afetivos, que, entretanto, não duravam muito tempo. Apesar disso, casou-se ainda relativamente cedo, passando a ajudar o marido no comércio. Vieram os filhos.

Tratava os clientes da loja e os amigos sem a devida reserva. Participava de rodinhas e divertia-se com as piadas e conversações infrutíferas, rindo espalhafatosamente. Esse comportamento desprovido de discrição trouxe sérios problemas conjugais.

O esposo era explosivo, porém atencioso e responsável. Sentia-se incomodado com os comentários espalhados pela redondeza, os quais, muitas vezes, eram exagerados pelas pessoas que apreciavam comentar o mal.

Apesar das ponderações que ele lhe fazia, não tomou o cuidado de mudar os hábitos pouco discretos. Isso facilitou a aproximação de um amigo por quem tinha muito apreço. As visitas ao estabelecimento comercial tornaram-se mais frequentes. Em pouco tempo, começou um envolvimento entre ambos.

Inimigos desencarnados, explorando as suas tendências inferiores, empurravam-na cada vez mais para o abismo, antegozando o término da sua união conjugal.

A mãezinha, já desencarnada, tudo fazia para ajudá-la, mas sua presença não era percebida, devido à invigilância e falta de sintonia com o Plano Maior.

Separaram-se.

O ex-esposo, sentindo-se ultrajado, entregou-se à revolta. E, apoiado pelos espíritos inferiores, começou a alimentar o desejo de dar-lhe fim à vida, juntamente com o amigo com quem estava envolvida, esquecendo-se da responsabilidade que tinha com os filhos. Os impulsos para agir com violência tornavam-se cada vez mais frequentes.

Percebendo o perigo, ela mudou-se, às pressas, para lugar distante, deixando os filhos.

Algum tempo depois, uniu-se novamente. Apesar de ter sofrido muito, não mudou significativamente a conduta. Decorrido certo tempo de bonança, os problemas reapareceram, afetando-lhe a situação conjugal.

Os amigos espirituais, entre eles a avó, continuaram desdobrando-se para evitar que ela complicasse mais a situação perante a Lei Divina. Graças ao seu empenho, ela aceitou ser levada, em desdobramento, ao Mundo Espiritual, onde teve a oportunidade de observar, numa tela, uma retrospectiva da sua vida. Em seguida, perguntou-lhe a avó:

– O que fez com tantas oportunidades concedidas em favor do seu progresso espiritual e da sua melhoria comportamental?

Não chegou a responder. Verificando que fora ela mesma a responsável pelo distanciamento das pessoas, caiu em si e chorou comovidamente. Compreendeu que se conseguisse mudar, ainda poderia salvar a segunda união.

Orou com as fibras mais sensíveis da sua alma, pedindo a Deus e a Jesus que a ajudassem a ter firmeza e perseverança no novo projeto de fazer o curso de reforma íntima e agradeceu sinceramente pelas bênçãos recebidas.

Para estimulá-la a perseverar no novo empreendimento, a bondosa avó, com alegria, assumiu o compromisso de sempre conduzi-la no trajeto de ida e volta ao Centro de Estudos. Dessa forma, poderiam aproveitar o ensejo para trocarem ideias sobre as brilhantes aulas.

•••

As imperfeições exercem forte influência sobre a vida do homem, sendo responsáveis por seu comportamento inadequado. Suas percepções ficam restritas, o entendimento limitado e o discernimento, falho; por isso, mesmo tendo noções dos ensinamentos cristãos, não consegue segui-los e os desacertos são muitos.

Essa é a razão por que os anos passam, os equívocos acumulam-se, o lar desmorona-se, e o despertar se faz tardio.

É necessário cair em si, conhecer-se, identificar as imperfeições e combatê-las sem trégua, para aprender a agir de acordo com as leis de Deus.

Aqueles que vivem assim, permanecem dormindo para as questões e valores do espírito; é a eles que se refere Paulo, quando diz: "Desperta, ó tu que dormes, levanta-te dentre os mortos, e Cristo te iluminará" (Efésios, 5:14). Para o apóstolo, os que se levantam dentre os mortos são os que mudam a própria vida, passando a priorizar o entendimento dos ensinos evangélicos e o progresso espiritual.

# *Dos planos inferiores para a luz*

Gustavo era organizador de festas escolares e bailes e vendedor de livros. Por esse meio, aproximava-se dos jovens e, como tinha boa conversa e um jeito de ser, cativava-os. Depois que lhes ganhava a confiança, oferecia-lhes merendas que continham substâncias entorpecentes e euforizantes, hoje conhecidas como drogas que levam à dependência química. Assim, iniciava-os no consumo dessas substâncias e aliciava-os, não só para ajudarem no comércio infeliz, como também para outras finalidades menos dignas. Por outro lado, sempre com o objetivo de acumular recursos materiais, ousava em outras façanhas arriscadas, inclusive facilitando o ambiente físico para a prática de abortamentos.

Tão logo desencarnou, foi atraído para o plano espiritual inferior – um ambiente descrito por ele como escuro, tenebroso, excessivamente quente, repleto de rochas lodosas e escorregadias, infestado pelos mais variados agentes patológicos, povoado de espíritos que, devido às condições do meio, encontravam grande dificuldade de enxergar, a não ser a distâncias muito curtas.

Nessa região tenebrosa, permaneceu décadas, em grande sofrimento. Durante esse tempo, nunca ficou sem receber a visita de equipes socorristas, que tentavam resgatá-lo em nome de Deus e Jesus; todavia, ele se mostrava resistente. Com o tempo, foi aceitando dialogar com os socorristas que lhe falavam da misericórdia divina e de Jesus e seu Evangelho. Finalmente, aceitou o convite para ser assistido num hospital-escola do Mundo Espiritual.

Como era de se prever, sua recuperação requereu tempo, muita dedicação e perseverança. Nesse novo ambiente, passou por verdadeiro processo de reeducação, a fim de adquirir hábitos saudáveis e comportamento adequado. A educação moral seguiu um planejamento, que constou dos seguintes passos: acompanhamento de preces conduzidas pelos bons Espíritos e leitura do Novo Testamento; interpretação dos ensinamentos evangélicos para avaliar o seu próprio aprendizado; conhecimento das leis morais; aplicação das leis morais; condução de preces por ele próprio; leitura dos ensinamentos evangélicos em voz alta, execução de tarefas de pesquisa, formulação de perguntas e respostas; acompanhamento das equipes de resgate ao socorro de familiares seus; acompanhamento das equipes às visitas a ambientes menos pesados.

A sua preparação e aprendizado demandaram várias décadas.

Finalmente, tendo conquistado o equilíbrio e aprendido a amar ao próximo sem preferências, integrou-se a uma equipe de socorristas. Hoje, participa da execução desse trabalho com grande alegria e dedicação e manifesta muita gratidão a Deus e a Jesus por essa abençoada oportunidade que lhe concederam.

•••

Se conseguíssemos avaliar com precisão o sofrimento de tantos Espíritos que estagiam nos planos espirituais inferiores – o umbral, conforme designação de André Luiz –, tomaríamos o cuidado de fazer uma pausa em nossa vida para reavaliar os caminhos que estamos trilhando e envidar maiores esforços pela nossa iluminação íntima.

Os que escolhem os caminhos dos delitos e resvalam para as quedas morais ou contribuem para que outros se precipitem despenhadeiro abaixo, assumem graves compromissos perante as leis superiores estabelecidas pelo Criador, e estagiam, por tempo relativamente longo, nos planos inferiores, em sofrimento superlativo.

Estão entre aqueles a quem Jesus alerta: "Ai de vós, os que agora rides! Porque haveis de lamentar e chorar" (Lucas, 6:25). Não que sejam sentenciados pelo Pai a expiarem em tais regiões, posto que são eles próprios que se condenam, ao satisfazerem os desejos menos dignos e escolherem a faixa mental inferior. Assim, estabelecem fortes vínculos com as forças espirituais do mal, que os atraem, como poderoso ímã, para as regiões abissais do Mundo Espiritual.

A melhor escolha que podemos fazer é a estrada reta, ainda que com muitas dificuldades, caminhando para a frente e para o alto. Se nos equivocarmos, resta-nos uma segunda alternativa, que é acordar a tempo e optarmos pela reparação do mal, antes de partirmos para o outro lado da vida.

# *Educação moral infantojuvenil*

O auditório no Mundo Espiritual estava lotado de pais, que aproveitavam as horas do sono fisiológico para instruírem-se. O instrutor começou a sua preleção sobre a educação das crianças e jovens. Vários aspectos do tema foram abordados.

Muitos dos assistentes não continham as lágrimas que fluíam, pois foram tomando consciência das falhas que vinham cometendo na maneira de conduzir a educação dos filhos.

Finda a exposição, o dirigente espiritual franqueou a palavra para que os presentes pudessem dar a sua contribuição, relatando as próprias vivências nesse campo.

Em quase todos os relatos, os argumentos apresentados para justificar a própria conduta foi a falta de tempo para se dedicarem aos filhos.

Luciano, um dos presentes, emocionado, recordou-se de que não havia sido o pai que julgava, por ter cometido equívocos na maneira como ele e a esposa conduziram a educação dos filhos.

Ele já era frequentador dos cursos há tempo, e trabalha em outras áreas no Plano Espiritual. Foi tomando ciência da sua própria história aos poucos.

O instrutor perguntou-lhe:

Não gostaria de revelar a sua história?

– Sim, respondeu. Será um meio de contribuir na elucidação de tão importante assunto, estimulando os presentes a refletirem sobre ele.

Na época do casamento, ele e a esposa estavam convencidos de que tinham o compromisso de acolher vários espíritos na condição de filhos, entendendo ser isso uma obrigação inevitável e necessária.

Justificava a menor presença junto aos filhos, por falta de tempo, devido aos muitos compromissos profissionais – necessários para proporcionar-lhes conforto e boas escolas – e afazeres religiosos. A esposa alegava muito serviço e cansaço. Além disso, entendia que os filhos deveriam ser criados mais livres, sem as restrições que os tabus impunham.

Luciano não conseguia esconder que tinha maior simpatia por uma das filhas, que, na verdade, era recíproca. E a mãe tinha preferência por um dos filhos, com quem se identificava pela afinidade, gostos, modo de pensar e agir. Com o tempo, surgiram comparações entre os irmãos, insatisfação progressiva e até conflitos.

Ele e a esposa perceberam que haviam perdido as rédeas da condução do lar, pois os filhos ocupavam o espaço, dando as diretrizes ou resolvendo os assuntos da maneira que lhes era conveniente.

Por outro lado, a sua filha preferida apresentou uma faceta dominadora da sua personalidade. Como a mãe tinha certas limitações em matéria de elegância e habilidades femininas e ela as tinha, e era muito inteligente, não tendo dificuldade para encontrar respostas para as diversas situações, foi exercendo significativa influência no lar. Com isso, muitas vezes, comportava-se como se fosse a esposa, no tocante às decisões.

Um dos filhos, desde novo, tornou-se-lhe submisso, seguindo-a como modelo e aceitando-lhe todas as orientações, de tal modo que ela se intrometia até nos assuntos que competiam aos pais.

No campo afetivo, os filhos não foram bem sucedidos, demonstrando insatisfação com os companheiros e buscando nova união matrimonial.

Luciano não conseguia encontrar justificativa na vida presente para o apego da filha; todavia, no Mundo Espiritual, durante o desdobramento que o sono proporciona, e com a ajuda dos mentores espirituais, pôde compreender os reais motivos.

Quando acordou, as ideias afloraram em sua mente e não teve dificuldade de compreender que a explicação estava em outras existências. Com esse entendimento, passou a adotar um comportamento que favoreceu significativamente o desapego, que foi ocorrendo de maneira lenta, mas progressiva, especialmente depois que ela se casou. A libertação completou-se com o nascimento dos filhos, um dos quais, mais evoluído, veio ajudá-la na superação desse e de outros problemas.

Dirigiu, então, sentida prece a Deus, rogando-lhe que despertasse os filhos, que já haviam formado família, para que não se equivocassem na atenção e educação de sua prole.

Depois do relato, houve distribuição de textos com diversidade de problemas educacionais para que os participantes apontassem soluções.

•••

Como não nos é possível reproduzir toda a aula do instrutor, apresentaremos uma síntese, para que possamos refletir sobre os pontos abordados:

Os pais, assim como os educadores, precisam analisar atentamente os próprios atos, pois a criança é muito esperta e observa-os, tentando imitá-los; por isso devem demonstrar, através da conduta, como fazer para ser seguidor dos ensinamentos de Jesus.

A criança deve ter horário para estudar, fazer as atividades escolares e de evangelização e brincar; precisa aprender a ter a responsabilidade de desempenhar algumas tarefas, como recolher e guardar os seus brinquedos, ajudar a manter em ordem a casa, regar as plantas quando necessário etc.

Precisa ser estimulada a estudar, sempre que possível, com livros ilustrados; a recortar, juntar, colar; a montar histórias; a praticar atividades que favoreçam o desenvolvimento motor; a expandir as ideias e a criatividade; a frequentar templo religioso.

Não é conveniente que amadureça antes do tempo; tem necessidade de agir de acordo com a idade infantil, dando expansão ao desejo de brincar e de usar a própria criatividade.

Os avanços tecnológicos são positivos, mas é oportuno estar conscientes de que há tempo para tudo; por isso o uso do computador deve ser feito com cuidados especiais, pois ela pode escolher os programas não recomendáveis e recusar os que são educativos e contribuem para o desenvolvimento saudável da sua personalidade. O ideal é que sejam escolhidos sob a orientação e acompanhamento dos pais.

É importante que ela participe da reunião do Evangelho no lar e aprenda a orar antes das refeições, agradecendo ao Criador pelos alimentos.

Sempre que possível, pais e filhos devem fazer as refeições juntos, de modo que esse seja um momento de convívio familiar e que precisa transformar-se em hábito.

Os pais não podem deixar de reservar tempo para se dedicarem aos filhos, buscando sempre a convivência de qualidade.

•••

A reencarnação oferece-nos abençoada oportunidade de repararmos os desacertos de nossas vidas passadas, porque permite que se reúnam, no mesmo lar, espíritos que se transviaram do caminho reto, com o objetivo de superar os impulsos e sublimar os sentimentos. O esquecimento do passado, em tais casos, demonstra a grande sabedoria do Criador, porque facilita o trabalho da reparação, da educação, da elevação espiritual.

Preferências afetivas e manifestações inconscientes da libido, aparentemente injustificáveis, são substituídas pelo sentimento puro, sob a forma de amor paternal, maternal, filial ou fraternal.

É muito importante que os pais ajam com equilíbrio em tais situações, evitando comportamentos que demonstrem preferência por este ou aquele filho e estimulando a conduta que leve à sublimação afetiva. Podem ajudar, também, controlando manifestações de ciúmes, seja a mãe, diante de uma situação de possível ligação da filha com o genitor, seja o pai, frente à possibilidade da ligação do filho com a mãe.

Medida indispensável consiste na educação e espiritualização dos filhos, utilizando a prece, o Evangelho no lar e a integração deles numa doutrina religiosa.

Indispensável lembrar que os pais têm grande responsabilidade no aprendizado evangélico dos filhos. Jesus recomendou aos cristãos que procurassem levar os seus ensinamentos a todos os homens: "Pregai o evangelho a toda criatura" (Marcos, 16:15). Sem dúvida, as crianças também estão incluídas.

# *Excesso de atividades*

Antônio vivia assoberbado com as atividades profissionais. Engenheiro que era, preocupava-se excessivamente com os avanços tecnológicos das máquinas sob sua responsabilidade, em particular, as que ficavam na sala de mecanização.

Muito centrado nas coisas materiais, justificava que não dispunha de tempo para frequentar o templo religioso. Acreditava que estaria protegido se alguém da família orasse por ele.

Assim, esquecia-se completamente da vida espiritual.

Sua mãe, embora fosse também ligada à matéria, era dotada de bons princípios. Depois que desencarnou, sem qualquer resistência, começou a frequentar as aulas no Plano Espiritual e preparou-se para ajudar o filho.

Por meio de suas preces constantes e sinceras dirigidas ao Criador, obteve a permissão de aproximar-se dele, a fim de ajudá-lo a trabalhar pela sua transformação moral. Devido à sua dedicação, conseguiu autorização para conduzi-lo aos estudos.

Após várias aulas, envolvido pelo clima acolhedor e fraterno do ambiente espiritual, aceitou fazer uma reflexão sobre a sua postura diante das coisas materiais e da família. E exclamou para si mesmo:

– Quantas coisas acumuladas que perecem com o tempo! Quantos tesouros perdidos!

Referia-se ao amor da esposa, dos filhos e dos amigos.

Compreendeu que o verdadeiro sentido da vida consiste em desenvolver e cultivar o amor.

Arrependido e emocionado, pediu a Deus e a Jesus a oportunidade de recomeçar a renovação íntima e dos próprios valores.

•••

Nessa situação, encontram-se muitos homens, que passam a maior parte da vida lutando, com todas as forças, para conseguir a realização pessoal em diversos campos, como o profissional, social, intelectual e afetivo. Para atingir tais objetivos, assumem excesso de compromissos e atividades. Destes, parte expressiva deseja mais: conquistar status, poder e ostentar valores materiais.

No esforço para obter êxito, seguem os padrões humanos, muitas vezes, sem observar os seus princípios éticos; menos ainda os padrões morais do Evangelho de Jesus.

Chegam ao final da existência sem tomar consciência da necessidade de observar os valores espirituais, sem reservar tempo e energia para cuidar das coisas do espírito.

Dessa forma, chegam ao Mundo Espiritual de mãos vazias. O que acumularam durante a vida física fica na Terra, porque não pode ser levado na bagagem do espírito.

A situação é pior, quando o motivo do envolvimento com atividades excessivas não é apenas o de ter condições de suprir as necessidades básicas, mas também ambição e apego às coisas materiais. Essas condições mantêm-no preso à Terra, em verdadeiro regime de escravidão.

Sem dúvida, podem contabilizar muita conquista material, mas quase nada no que diz respeito às realizações espirituais. Na Terra, podem ser considerados ricos, todavia, são pobres, quando não paupérrimos, no Mundo dos Espíritos.

Segundo Lucas, quando Jesus se hospedou na casa de Marta, enquanto Maria, sua irmã, aproveitou a oportunidade ímpar para aprender com o Mestre, ela "agitava-se de um lado para outro, ocupada com muitos serviços" (Lucas, 10:40).

Marta simboliza a pessoa muito envolvida com as coisas materiais, que deixa escapar preciosos ensejos de estudar e dedicar-se às questões espirituais.

Nunca é tarde para despertar e lutar pela conquista dos valores transcendentais, assim como evitar a chegada ao Mundo Maior em condições de grande pobreza de bens do espírito.

Deus instituiu a encarnação como meio de dar oportunidade a todos de trabalharem pela sua evolução espiritual. Os que não a aproveitam adequadamente demonstram sempre grande desapontamento quando chegam à Pátria Espiritual.

Revelam sabedoria os que utilizam bem o tempo para procurar o Reino de Deus e sua Justiça enquanto encarnados na Terra; também os que não se deixam envolver totalmente pelas preocupações e coisas materiais.

# *Fragilidade orgânica*

Magnólia é uma trabalhadora de Jesus que auxilia na divulgação da Doutrina Espírita com dedicação, carinho e prazer.

Reflexiva, muitas vezes, passava tempo longo tentando compreender os motivos responsáveis por sua extrema fragilidade orgânica, com peso sempre abaixo do ideal e problemas imunológicos. Mais especificamente, desejava saber as razões por que o seu o organismo não assimilava adequadamente os nutrientes. Já havia feito repetidos tratamentos médicos e também assistência espiritual sem obter melhora significativa do quadro clínico.

Apesar de ser integrada a trabalhos no Plano Espiritual durante o sono, devido ao orgulho inconsciente, não havia submetido o seu caso aos espíritos especializados em auxiliar os enfermos no exame dos transtornos decorrentes de experiências traumatizantes de vidas passadas.

Certa vez, orou fervorosamente, rogando ajuda e recorreu ao instrutor do seu curso, que a convidou a orarem juntos, rogando para que fosse auxiliada. Em pouco tempo, o seu passado foi desvendado e a causa, identificada.

Na sua última existência, Magnólia havia sido um político renomado, que havia governado um Estado em que parte significativa da população vivia na miséria.

Teve a oportunidade de aliviar as agruras do povo, mas preferiu cuidar da sua própria progressão material e dos parentes próximos. Assim, não hesitou em cometer crime de peculato. Montou uma grande equipe de auxiliares para praticar subornos, omitir dados contábeis e alterar documentos altamente relevantes. E tal equipe fazia tudo isso sem o menor constrangimento, garantindo para si, e principalmente, para o patrão grandes recursos que deveriam ser aplicados na área social.

O estelionato foi sendo praticado progressivamente. Quando surgia uma inspeção ou acusação, os responsáveis eram silenciados com grandes subornos.

Como consequência, muitas famílias ficaram privadas do mínimo para a sobrevivência.

Era grande o número de crianças em estado deplorável, subnutridas, com seríssimos problemas de ossificação. Muitas delas mal podiam locomover-se.

Verbas destinadas à saúde pública, educação e para fazer face às necessidades básicas eram desviadas, agravando ainda mais a situação dos desprovidos de recursos.

Os mensageiros divinos tentavam tocar-lhe a consciência, a fim de que não se lhe complicasse mais ainda a situação perante a Justiça Divina e, ao mesmo tempo, procurasse minorar a situação de tantas famílias que estavam em condições deploráveis. Entretanto, ele não cedeu a tão preciosa ajuda.

Tendo tomado conhecimento do que se passara na existência anterior, Magnólia compreendeu que as suas dificuldades eram muito pequenas quando comparadas com os débitos contraídos naquela vida. Também percebeu que os seus esforços pela divulgação dos ensinamentos de Jesus e pela prática do bem foram levados em consideração pela Providência Divina e creditados a seu favor.Caso contrário, teria que sofrer muito mais.

Um tanto constrangida, em lágrimas, agradeceu a Deus e a Jesus pelas oportunidades que lhe concederam, bem como pelo acréscimo de misericórdia em minimizarem o seu sofrimento.

•••

A Justiça Divina é sempre praticada em íntima associação com o amor e a caridade. Se nossos débitos fossem cobrados por ela na mesma medida, não nos restaria outra alternativa, senão prepararmo-nos para inúmeras existências de superlativos sofrimentos. Para nossa felicidade, entretanto, é bem diferente; é cumprida com muita indulgência e misericórdia.

Seguramente, é esse o sentido das palavras de Pedro: "Acima de tudo, porém, tende amor intenso uns para com os outros, porque o amor cobre a multidão dos pecados" (1 Pedro, 4:8).

Esse entendimento está implícito na conclusão que Jesus faz da parábola do credor incompassivo: "Assim também meu Pai celeste vos fará, se do íntimo não perdoardes cada um a seu irmão" (Mateus, 18:35).

No momento de concretizar a Justiça, Deus leva em consideração a manifestação do verdadeiro amor, tanto na prática do bem, quanto no perdão aos que nos causaram o mal.

Não quer dizer que ficamos livres de todas as nossas dívidas. E sim, que podemos sofrer bem menos do que merecemos, e de maneira mais suave.

# *Idolatria de médiuns*

Durante a última encarnação, Aline manteve intensa atividade mediúnica, sempre assistida por sua mentora espiritual. Paralelamente, realizava importante trabalho de assistência aos necessitados, com distribuição de cestas básicas e roupas, ajuda a dependentes químicos, a lares em conflitos etc. Preocupava-se com os portadores de perturbações espirituais, buscando solução para todos os casos.

Era simples, modesta, discreta, alegre, dedicada, bondosa. Não pensava em si mesma; não se melindrava. Seu lema era servir a Jesus.

Como o número de pessoas que a procuravam era muito grande, a todos buscava atender, não importando se fosse dia ou noite.

Numerosas pessoas recorriam aos seus préstimos e da mentora espiritual e saíam demonstrando gratidão.

A instituição não criou a tradição do estudo evangélico-doutrinário. Isso propiciou as condições para o desenvolvimento, por parte de muitas pessoas, da idolatria, envolvendo não só a ela, como também a mentora.

Como era muito simples e cheia de amor com o próximo, além de viver bastante envolvida com o trabalho, não chegou a identificar o comportamento inadequado daqueles que as idolatravam.

Depois que voltou à Pátria Espiritual, pôde perceber o verdadeiro sentimento que muitos cultivavam em relação a elas. Além disso, constatou que alguns transferiram esse sentimento para o presidente que a sucedeu, que era médium, e também para o seu mentor. Compreendeu a importância do estudo, não só para os trabalhadores, mas para os frequentadores.

•••

A idolatria é um velho problema do ser humano, por ter sido cultivada durante milênios. Nela, há manifestação de sentimento, mas é diferente do verdadeiro amor, porque escraviza, enquanto este liberta.

Devido a conflitos íntimos, medo, insegurança, dúvidas, crises, doenças e outros males, é natural que os homens busquem a ajuda e o apoio de Deus ou de Jesus. Todavia, muitos preferem recorrer, também, a outros entes que lhes pareçam mais próximos, como os santos, alguns líderes religiosos carismáticos, os gurus, os médiuns, os espíritos etc.

Muitos beneficiados ou seus familiares demonstram gratidão a Deus. Outros esquecem logo o bem que receberam. Por outro lado, não são poucos os que, dependendo da sua personalidade, passam a atribuir os méritos aos intermediários, médiuns e espíritos, passando a cultivar por eles, verdadeira adoração. E, com isso, surge a idolatria.

A cura de enfermidades, o alívio do sofrimento e a melhora das obsessões são as razões que levam muitas pessoas a idolatrarem os médiuns e os espíritos. Elas agem assim por desconhecerem que o bem, acima de tudo, vem de Deus. Não são capazes de compreender que nenhum benefício lhes seria proporcionado pelos benfeitores espirituais, com ou sem a participação dos medianeiros, sem a permissão e a vontade do Supremo Senhor.

Disse Jesus: "Ao Senhor teu Deus adorarás e somente a Ele servirás" (Lucas, 4:8). Ensina-nos, também, a adorá-Lo em espírito e verdade. E os espíritos acrescentam que a adoração deve ser feita com o mais sincero sentimento, isto é, do fundo do coração.

O Cristo conscientiza-nos, também, que é nosso dever amar a Deus sobre todas as coisas, com o legítimo, puro e verdadeiro amor.

Não há dúvida de que devemos cultivar em relação a Jesus, a mais profunda gratidão pelos ensinamentos que nos transmitiu, o sofrimento que enfrentou pelo nosso bem, a sua extraordinária exemplificação e a assistência que nos proporciona. Não podemos esquecer, no entanto, que ele afirmava que havia vindo à Terra para cumprir a missão que o Pai Lhe confiara. Também é ele que nos recomenda que façamos boas obras para que os homens as vejam e glorifiquem a Deus.

# *Injustiça aparente*

Ricardo era um jovem muito simples, analfabeto, que residia na zona rural. Trabalhava dia e noite para satisfazer os seus patrões, que o tratavam de modo menos respeitoso ou mesmo grosseiro.

Órfão de pai e mãe desde tenra idade, permaneceu nesse local, prestando serviços de carpinação.

Os proprietários da grande fazenda tinham apenas um filho, já moço, chamado Rogério. Satisfaziam-lhe todos os gostos, mesmo quando desprovidos de sensatez. Por isso tinha conduta inconveniente. Cultivava o hábito injusto de responsabilizar terceiros pelas suas traquinagens e malfeitos, pois sabia que os seus pais fariam vistas grossas para seus desacertos.

Certo dia, numa das caçadas que costumava fazer, Rogério disparou a sua arma, várias vezes, na direção de um bando de pássaros. Uma das balas atingiu o prefeito da cidade que passava pela estrada, em direção à fazenda, para uma visita que faria aos seus genitores, por quem tinha grande apreço e amizade. Percebendo o incidente, aproximou-se e constatou que não mais respirava.

Maquiavelicamente, tomou todas as providências para incriminar o pobre Ricardo, que não teria como defender-se.

O jovem foi preso e condenado como autor de um crime muito sério.

Na prisão, o moço simples do interior não se conformava em pagar por um crime que não cometeu.

Como ele já frequentava os cursos no Mundo Espiritual, os emissários divinos ajudaram-no a tomar conhecimento dos reais motivos por que foi condenado a passar grande parte da sua vida naquela cela desprovida de asseio.

Numa existência anterior, Ricardo havia sido um homem culto, sem princípios e sem dignidade e respeito. Aliciava jovens e abusava sexualmente de crianças indefesas que residiam num orfanato, do qual era presidente e doador de recursos materiais. Participava, também, de uma outra instituição, que acolhia dependentes químicos, muitos dos quais desviava da recuperação, a fim de continuarem no vício.

Compreendeu que a injustiça era apenas aparente, pois havia cometido vários delitos graves em outra vida.

Conservando a intuição de que não sofria sem motivo justo, continuou resgatando os débitos, mas aproveitando o tempo para fazer leituras e explanações do Evangelho para os companheiros de lutas expiatórias.

•••

Nossas vidas são reguladas pelas leis de Deus, que se cumprem, mais cedo ou mais tarde, com impressionante precisão. Quando cometemos um erro, mesmo que transcorram séculos ou milênios, chega o momento da reparação.

É o que aconteceu com Ricardo. No Mundo Espiritual, compreendendo que só conseguiria tranquilizar a consciência e conquistar mais paz interior quando se liberasse desses débitos, priorizou a sua reparação através de uma condenação aparentemente injusta.

Perante as leis dos homens, não é muito raro um inocente pagar pelo mal que o verdadeiro culpado praticou; todavia, diante da Justiça Divina, todo sofrimento tem uma razão de ser: expiação, prova, medida educativa ou instrumento de evolução.

É por isso que Jesus é enfático: "No mundo, passais por aflições; mas tende bom ânimo" (João, 16:33). Isso é normal num planeta de expiações e provas, que é o caso da Terra. Seus habitantes são espíritos imperfeitos, sujeitos a todas as situações relacionadas acima.

Podemos pedir a Deus que nos perdoe as faltas, reduza-nos a pena ou livre-nos do sofrimento; entretanto, quando não conseguirmos tais benefícios, o melhor que fazemos é pedir-Lhe que nos dê forças e resignação para suportarmos a dor inevitável.

# *Julgamentos*

Os espíritos nos alertam, com frequência, quanto à necessidade imperiosa de combatermos o velho hábito de fazer julgamentos.

Recentemente, um instrutor espiritual abordou o tema numa reunião realizada no Mundo Espiritual, da qual participavam alguns médiuns em desdobramento. As elucidativas explicações estimularam um deles a relatar a sua experiência pessoal.

Carlos tinha um hábito bastante arraigado na sua mente: o de julgar os outros. Aproveitava todos os acontecimentos, mesmo os corriqueiros, para esse fim. Se um membro do grupo expunha sua experiência inovadora, ou sugerindo mudança, logo considerava que estivesse sob processo obsessivo. Se outro manifestava emoção ao ouvir a palavra de alguém, julgava tratar-se de encenação. Se outro ainda comentava ter lido um livro, que não fosse de estudo, já o classificava pelo tipo de leitura.

Certa vez, nas cercanias da cidade em que residia, próximo a um riacho, percebeu um carro estacionado. Reconheceu-o. Era do dirigente do grupo de que fazia parte. Viu-o, à certa distância, atrás de umas árvores, e, próximo a ele, divisou uma cabeça de mulher.

Seguiu viagem. Durante o trajeto, comentou com a esposa e filhos que desconfiava que ele tivesse uma amante e acabara de descobrir onde ocorriam os encontros amorosos. Além disso, criticou o local escolhido, que achou pouco romântico.

Mais tarde, na reunião do grupo, constatando o atraso do dirigente assíduo e disciplinado, comentou com os demais membros que desconfiava de que não viesse, por ter tido algum problema na volta do passeio que havia feito com sua amásia.

Minutos após, chegou ao grupo o comunicado de que o dirigente acabara de desencarnar.

Veio a saber, então, o que, de fato, ocorria. Ele era portador de grave doença respiratória e, na companhia da sua mãezinha idosa, recorria ao ar puro do campo e aos eucaliptos para aliviar a falta de ar. Assim, encontrava melhora para dar continuidade às tarefas espirituais que eram o seu grande ideal.

Sentiu vergonha, constrangimento, tristeza pelo comportamento inconveniente que vinha tendo.

Pôde, então, compreender, na verdade, que esse era um hábito pernicioso, consolidado em sua mente e que lhe causava prazer inconsciente, reforçando a sua natureza inferior.

Refletiu sobre a justiça e a caridade e aproveitou as oportunidades que a Sabedoria Divina lhe concedeu para rever os seus atos e recomeçar como homem novo. Para concretizar a mudança sincera, contou com o auxílio direto de alguns espíritos, entre os quais o ex-dirigente do seu grupo, que passou a ser um dos seus mentores espirituais.

●●●

O hábito de julgar está profundamente enraizado no ser humano. Apesar de dispormos de muitos conhecimentos doutrinários, nós, espíritas, não estamos livres desse mal. Tanto é que, muitas vezes, julgamos os próprios companheiros de trabalho da seara espiritual.

Jesus, conhecendo as nossas imperfeições, alerta-nos que nunca devemos julgar. E acrescenta que seremos julgados com a mesma medida que usarmos no julgamento dos outros (Mateus, 7:1).

Esse vício moral é uma consequência da nossa natureza inferior, das nossas imperfeições, da faixa mental inferior em que nos situamos. É, também, um indicativo do nosso grau evolutivo e do quanto ainda temos que melhorar moralmente. Por outro lado, quando julgamos os outros, criamos as condições que atraem vibrações negativas e facilitam a sintonia com os espíritos imperfeitos, que se afinizam com quem gosta de julgar. Além disso, as emanações fluídicas que irradiamos na direção da pessoa que julgamos, não são boas.

No caso relatado, o homem que foi alvo desse mau costume, por ser mais adiantado espiritual e moralmente, não teve maiores problemas decorrentes das emanações fluídicas negativas por ele geradas. E, mais tarde, já no Mundo Espiritual, colocou-se à disposição do Criador para ajudar o seu companheiro de trabalho mediúnico na luta para libertar-se desse hábito pernicioso.

# Linguagem ideal

Madalena, uma das frequentadoras assíduas das aulas ministradas para médiuns em desdobramento durante o sono, examinou, com atenção, as observações feitas na sua "ficha" de aproveitamento pelo instrutor. Constatou que tinha necessidade de tomar algumas medidas com relação ao uso da linguagem: substituir as palavras fortes por outras mais amenas ou edificantes, bem como utilizar tom de voz mais suave, tomando cuidado para não dar margem a dupla interpretação.

Ciente das observações feitas zelosamente, recorreu às preces fervorosas, rogando, ao Criador, ajuda para conseguir colocar em prática os ensinamentos que lhe foram transmitidos e melhorar-se espiritualmente.

Voltando a rever a ficha periodicamente, no decorrer do curso, verificou que houve evolução importante na sua linguagem, que era um tanto pobre e constituída de palavras fortes e de dupla interpretação. Gradativamente, foi substituindo-a por outra mais simples, clara, edificante e com termos mais precisos e suaves.

Com o tempo, Madalena conseguiu superar essas situações difíceis e compreendeu que foi muito importante assimilar e colocar em prática a linguagem construtiva e que, com serenidade e discernimento, todos os problemas podem ser solucionados.

•••

Na sua infinita sabedoria, o Criador dotou o homem da faculdade de falar, para que pudesse comunicar-se com as outras pessoas. Deu-lhe, também, o livre arbítrio de escolher a melhor maneira de transmitir as suas ideias, utilizando linguagem adequada ou inadequada. A primeira é simples, clara, edificante e elevada. A segunda é menos precisa, dando margem a dupla interpretação e é expressada através de palavras ou expressões inconvenientes, fortes e, muitas vezes, em tom de voz elevado.

As palavras são símbolos que representam as ideias. Por elas, o homem exterioriza os seus pensamentos, convicções, valores, conhecimentos. Pela maneira com que se expressa, revela o seu modo de ser, o respeito pelo semelhante, a sua personalidade e dá uma ideia da sua evolução espiritual.

O uso de linguagem não edificante, depreciativa, é muito comum em diferentes ambientes, como o lar, o local de trabalho e o meio social.

Essa prática costuma causar desentendimentos e transtornos diversos, muitas vezes, de solução difícil.

As palavras depreciativas desestimulam, desanimam, desencorajam, inibem, constrangem, destroem, confundem, diminuem a autoestima.

Quantas pessoas se sentem tristes, desestimuladas, derrotadas, arrasadas, depois de ouvi-las!

A linguagem com essas características exerce grande influência na formação de um ambiente espiritual negativo. É apreciada pelos Espíritos menos esclarecidos, que se sentem atraídos pelos homens que costumam empregá-la.

As gírias, mesmo quando designam coisas ou situações boas, não são recomendáveis. Não têm sonoridade agradável e podem levar à dupla interpretação. São também apreciadas pelos Espíritos que ainda não despertaram para o bem.

A linguagem construtiva, utilizada com discernimento, não gera descontentamento ou ofensa. Ela é fundamental para o crescimento pessoal e o entendimento entre os homens.

As palavras edificantes estimulam, animam, encorajam, constroem, apoiam, elevam a autoestima.

Quantas pessoas sentem suas forças aumentarem bastante após ouvi-las e superam situações difíceis!

Elas contribuem, de maneira significativa para a manutenção de um ambiente espiritual saudável. São usadas pelos bons Espíritos que demonstram simpatia pelos que as utilizam e tendem a afastar-se dos que preferem a linguagem não edificante.

Cuidados são necessários, no entanto, para que não sejam confundidas com elogios, que alimentam o orgulho e a vaidade.

Assim ensina o Mestre aos discípulos: "Vigiai e orai, para não cairdes em tentação" (Mateus, 26:41). Referia-se, também, ao uso das palavras edificantes, pois procedem do bom coração.

# *Mandato mediúnico*

Geraldo era um médium vidente e curador que realizava cirurgias espirituais. Atendia a inúmeros casos por dia e costumava comentar sobre a vida dos parentes já desencarnados, informando como haviam desencarnado e a sua situação no Mundo Espiritual. Vários tratamentos eram feitos com cirurgias, sem esterilização dos instrumentos que usava.

Era confiante demais em si próprio e no espírito que lhe usava a faculdade. Esquecia as preces indispensáveis e distanciava-se de Deus.

Sob forte influência de espíritos que pretendiam desviá-lo do bem, tornou-se cada vez mais arrogante e inflexível. Não aceitava opiniões contrárias às suas. Suas convicções eram tidas por ele como verdadeiras leis. E julgava-se competente e dispensava críticas, mesmo que fossem construtivas.

Com o propósito de salvar-lhe o mandato mediúnico, alguns colaboradores encarnados e os mensageiros divinos empenharam-se em orações em seu favor.

Depois de muito esforço, conseguiram levá-lo ao Mundo Espiritual, em desdobramento, para assistir a um estudo doutrinário.

Relutante, a certa altura passou a questionar um instrutor espiritual sobre as razões por que o levaram àquela reunião. Argumentou que não via motivo para estar ali, porquanto já tinha conhecimentos suficientes e experiência, que ela seria mais adequada para iniciantes e não para ele, que já exercia o seu mandato mediúnico e era assistido por um espírito de grande respeitabilidade.

Para levá-lo a compreender que, ao contrário, ele necessitava de muito estudo, o instrutor perguntou-lhe:

– Por que você não esteriliza os instrumentos que usa na cirurgia?

Respondeu o médium:

– Como são os Espíritos que, de fato, realizam as cirurgias, a eles cabe esterilizá-los.

Novamente, o instrutor o questionou:

– Como são instrumentos materiais, não deveriam ser esterilizados por meios materiais?

Retrucou o médium:

– Sempre foi feito assim e nunca tivemos problemas.

Mais uma vez, o instrutor o interrogou:

– Até quando?!

Com os questionamentos que tiveram a finalidade de levá-lo a pensar sobre a maneira como conduzia a mediunidade e as preces em seu benefício, começou a compreender que algo não estava certo.

Um tanto perplexo, começou a refletir... E caiu em si.

Emocionado, descobriu que eram aqueles a quem não dera ouvidos que mais tentavam ajudá-lo.

Já em outra faixa mental, exclamava:

– Que oportunidade bendita! Justamente os que desprezei trouxeram-me aqui para que eu analisasse os métodos desprovidos de coerência que eu utilizava! Peço a Deus e a Jesus que me ajudem a me libertar da presunção e a fechar os ouvidos para as sugestões malignas, abrindo o meu coração para os que me amam verdadeiramente! Peço bênçãos para os amigos que me trouxeram a esse local tão cheio de luminosidade! Quanta luz!

– Ajude-me, Pai Amoroso, a dar conta de tornar-me um médium simples, humilde e semeador do bem!

•••

Todos os homens que pretendem ser servidores do Mestre pedem e recebem a oportunidade de exercer um mandato, seja na direção, coordenação, divulgação, evangelização, promoção social ou na mediunidade. A aspiração de todos é trabalhar na seara do bem e, assim, aproveitar o ensejo para evoluírem espiritualmente.

Deus e Jesus, no entanto, observam a maneira como exercemos o papel que escolhemos, antes de creditar qualquer mérito a nosso favor.

É necessário observarmos a recomendação de Paulo aos cristãos de Corinto: "Procurai, com zelo, os melhores dons" (1 Coríntios, 12:31).

É com zelo que cumprimos o nosso mandato? Ou fazemos com personalismo?

Todo o bem vem de nosso Pai ou através de Jesus e seus prepostos.

O melhor mesmo é esquecermos de nós, da nossa presunção. Só assim conseguiremos manter o mandato cristalino, como aconselha Paulo a Timóteo: "Que guardes o mandato imaculado, irrepreensível" (1 Timóteo, 6:14).

# *Maternidade e vocação*

Marinalva cresceu revoltada, pois seus pais eram simples e de poucos recursos, sem condições de proporcionar-lhe o padrão de vida que ela desejava. Almejava conforto, passeios longos e caros e poder exibir coisas materiais que chamassem a atenção. Durante a sua adolescência, tudo isso não passou de sonhos não realizados.

Um de seus ideais era casar-se com alguém que a tirasse daquela vida triste, rotineira e sem emoções, posto que não se contentasse com pouco.

Depois de casada, passou a espelhar-se nos amigos mais chegados, imitando-os, já que os via como verdadeiros modelos.

Um dos casais, verdadeiros adeptos dos ensinamentos de Jesus, com quem mantinha bom relacionamento, adotou algumas crianças, dando-lhes sincero amor maternal e paternal, como ensina a doutrina que haviam abraçado. Tudo indicava que fosse um lar feliz e harmonioso.

A essa altura, ela já tinha os próprios filhos. Todavia, sentia que faltava alguma coisa. Pensando que uma nova criança contribuísse para superar seus problemas e imaginando que era uma oportunidade de conseguir companhia para sua filhinha, resolveu partir para a adoção, esquecendo-se, temporariamente, das consequências que esse ato pudesse gerar. Na verdade, não estava movida por ideal.

Os transtornos não tardaram a aparecer, pois a filha legítima, que era geniosa, não se conformava em dividir a atenção dos pais.

Marinalva continuava insatisfeita, pois não tinha o verdadeiro dom da maternidade e não era feliz com o marido. Sentia-se presa por causa dos filhos, sem liberdade e com muitos conflitos. Por outro lado, não via retorno no grande esforço que havia feito para criar a filha adotiva, que lhe dava muito trabalho.

Com muito empenho, os bons espíritos, que a todos ajudam, conseguiram conduzi-la a uma reunião realizada no Mundo Espiritual, em desdobramento natural, durante o sono físico.

No decorrer da preleção do instrutor espiritual e dos esclarecimentos posteriores, compreendeu que não sofria sem motivo justo e que havia criado filhos sem vocação para a maternidade

Tomou conhecimento de que na existência anterior, havia contribuído para a desintegração de um lar, privando algumas pessoas, inclusive duas crianças, da liberdade de ter a sua vida em família e entendeu que enfrentava as consequências desse ato infeliz.

•••

A maternidade é uma das mais nobres tarefas que o ser humano desempenha na Terra e não dispensa amor, renúncia e abnegação. Há um outro requisito essencial para que produza excelentes resultados: a vocação. Se exercida dessa maneira, sem dúvida, contribui, e muito, para o progresso espiritual, não só da genitora, como também dos filhos.

As palavras que Paulo dirigiu aos cristãos de Corinto aplicam-se perfeitamente às mulheres que se dedicam a esse mister: "Cada um permaneça na vocação a que foi chamado" (1 Coríntios, 7:20).

Com certeza, quando mães e pais cumprem a sua missão, como verdadeiros missionários, o aproveitamento por parte dos rebentos é bem superior.

Por outro lado, é importante que os genitores se preparem para exercê-la, com o cuidado de planejar a família, de modo a proporcionar-lhe boa educação, sobretudo moral, preparação para a vida na Terra e no Plano Espiritual e equilíbrio psicológico e emocional.

•••

O único modelo em que o ser humano pode espelhar-se é Jesus, pois os homens são imperfeitos e, portanto, falíveis. Inspirar-se neles, por melhores que sejam, é correr grande risco de equivocar-se.

Quem planeja a família com base na imitação, tem elevada probabilidade de fracassar, posto que as vocações e condições dos casais são muito diversas. O que se aplica a um, não serve para outro.

Age com prudência o casal que procura descobrir o seu próprio caminho, as suas possibilidades e tudo planeja cuidadosamente.

# Mediunidade com limitações

Numa existência passada, Fátima foi uma médium curadora de grande potencial.

Não aceitava qualquer tipo de recompensa material pelo trabalho mediúnico e prestava auxílio voluntário gratuitamente e com muita alegria. Tratava os que a procuravam com respeito e benevolência. Agia com justiça, respeitando a ordem de chegada dos pacientes.

Nem tudo, entretanto, estava dentro dos padrões do Evangelho, pois sentia grande satisfação em ouvir de pacientes o depoimento de que haviam conseguido a cura por intermédio da sua faculdade mediúnica depois de passarem por vários médicos sem obter resultados positivos. Apreciava o brilho, a fama, os elogios. Gostava das orações que faziam enaltecendo o seu nome; e aceitava o mérito que, na verdade, deveria ser atribuído a Deus.

Passou a existência alimentando o orgulho e a vaidade.

Após a desencarnação, compreendeu que precisaria retornar à Terra numa condição que pudesse combater essas imperfeições morais.

Na nova existência, teve infância e adolescência modestas. Ainda jovem, casou-se, passando a residir num casebre, na fazenda onde o esposo trabalhava como empregado.

Anos depois, o esposo deixou-a. Por isso foi residir na cidade, onde conseguiu emprego como doméstica, atividade que exerceu até o fim da existência.

Na encarnação seguinte, teve nova oportunidade de exercer a mediunidade, porém com algumas limitações, para que não se repetisse o brilho anterior. Embora sua faculdade tenha desabrochado na infância, somente na meia idade educou-a e teve condições de começar a exercê-la. Sempre tomou todo o cuidado para ser apenas uma médium simples, comum, de modo que não chamasse a atenção.

Além das dificuldades no exercício mediúnico, tinha as mãos trêmulas, mesmo nos momentos de calma e serenidade.

Suas qualidades não ficaram esquecidas, pois desde a adolescência, passou a trabalhar em creches e no campo da assistência e promoção social.

No Plano Espiritual, em desdobramento, pôde compreender que tais restrições foram ajustes necessários ao seu crescimento espiritual, assim como o ensejo de prosseguir no combate ao orgulho e vaidade e desenvolver um pouco mais a humildade, que começou a conquistar na vida passada.

Compreendeu que essas limitações eram justas e merecidas. Sentiu-se profundamente agradecida pela oportunidade que o Criador lhe dera de cumprir os desígnios de Jesus, desempenhando as suas tarefas mediúnicas com simplicidade, sem descuidar-se da indispensável vivência da humildade.

•••

Vaidade é um perigo que ronda a grande maioria dos médiuns, devido aos frequentes elogios que recebem, sobretudo da parte das pessoas que admiram o fenômeno ou são beneficiadas através dele. Além disso, é uma arma que os adversários do plano invisível costumam utilizar para desviar os servidores do cumprimento de suas tarefas, por saberem que, nessa condição, não conseguem ser instrumentos fiéis, transformando-se em árvores que não produzem bons frutos.

Infelizmente, muitos trabalhadores da mediunidade só tomam consciência de que passaram boa parte da vida acreditando que estivessem desempenhando satisfatoriamente os compromissos que assumiram como instrumentos dos bons espíritos, quando ao contrário, deixaram muito a desejar. Pior ainda, quando descobrem que não souberam aproveitar bem a oportunidade para a sua evolução espiritual.

Valem aqui as palavras de Jesus: "Se um dos teus olhos te faz tropeçar, arranca-o e lança-o fora de ti; melhor é entrares na vida com um só dos teus olhos do que, tendo dois, seres lançado no inferno de fogo" (Mateus, 18:9).

Isso equivale a dizer: é preferível ao espírito reencarnar com uma mediunidade comum, com limitações, e exercitar a humildade, a ter uma faculdade extraordinária e correr o risco de envaidecer-se. É melhor permanecer discreto e anônimo e progredir espiritualmente, do que correr o risco de envaidecer-se e permanecer estacionado na evolução espiritual. É mais prudente viver na discrição e ter a consciência tranquila na Terra e no Mundo Espiritual, do que brilhar no plano terreno e sofrer moralmente no Mundo Maior.

# *Muitas sugestões*

Os trabalhadores de uma instituição espírita solicitaram ao presidente que convocasse uma reunião para discutirem medidas de urgência, a fim de melhorar os diversos setores de atividades.

Na data prevista, chegaram demonstrando grande entusiasmo. Estavam animados, falantes e gesticulando muito. Após a reavaliação, foram apresentadas inúmeras sugestões: ampliação de salas para facilitar a dinâmica de grupos, aquisição de novos recursos audiovisuais e de quebra-cabeças sobre passagens bíblicas (gravuras ilustrativas e sequenciais das histórias) para a área de evangelização infanto-juvenil; aquisição de novos armários e materiais para a sala de corte e costura; ampliação da cota de enxovais para gestantes; abertura de novos cursos para preparar profissionais para o mercado de trabalho (manicure, cabeleireiro iro etc) e a implantação de mutirões de limpeza para os que forem beneficiados com cestas e outros recursos para a área de promoção social; mudança na disposição das cadeiras do salão principal; providência de mais palestrantes de fora do município; outras ideias.

O presidente, que era também evangelizador, permaneceu atento a todas as questões levantadas e ideias propostas e procurou manter a sintonia com a Espiritualidade.

Posteriormente, seria marcada outra reunião para a leitura da ata, permitindo que os demais trabalhadores pudessem tomar conhecimento das propostas e para que o presidente tivesse tempo de analisar, com diplomacia, serenidade e sensatez, cada item abordado.

As preces fervorosas do dirigente foram atendidas, pois os mentores espirituais providenciaram para que todos, durante o sono, fossem levados ao Mundo Espiritual, a fim de participarem de uma reunião, onde seria feita uma retrospectiva do que foi feito no plano terreno.

Depois de observarem as análises e sugestões apresentadas e o modo como cada um se comportou, o instrutor que coordenava os trabalhos, solicitou-lhes que fizessem uma listagem das ideias, sob a forma de propostas, constando dias, horário, tempo de duração, recursos materiais que eles próprios providenciariam, bem como a disponibilidade pessoal de participar da execução de cada ideia proposta.

Decorrido o tempo que lhes foi concedido, surgiu, não a lista solicitada, e sim, a relação dos vários impedimentos que cada um tinha de participar: excesso de atividades domésticas, falta de tempo devido ao trabalho profissional, saúde deficiente, insuficiência de recursos financeiros próprios, ausência de aptidão para relações públicas (não procuraria palestrantes), impossibilidade de agendar compromissos extras. Apareceu também a sugestão de deixar esse planejamento para outra ocasião.

Na ausência do invólucro corporal, puderam observar como se comportavam quando estavam jungidos a ele, com maior dificuldade de percepção e raciocínio. Ficaram perplexos com o próprio comportamento, as exigências descabidas e a rigidez com que tratavam os assuntos alheios, sem prestar a colaboração pessoal na solução dos problemas deles decorrentes. Verificaram que eles mesmos dificultavam o trabalho de equipe.

Feita a prece de agradecimento, retornaram ao corpo.

No encontro posterior, um dos presentes, que se recordou do desdobramento, relatou o que ocorreu no Plano Maior. Na oportunidade, foi elaborado plano bem mais condizente com a realidade, constando a participação de cada um, dentro das suas possibilidades.

O clima permaneceu pacífico, tranquilo, pois conseguiram o método mais eficaz de colaborar com a instituição.

•••

Ideias para as atividades na Seara Espiritual costumam surgir em profusão. E o número dos que estão sempre prontos para opinar não é pequeno. Isso ocorre, sobretudo, quando o entusiasmo toma conta das pessoas. Nesses momentos, é comum haver um distanciamento da realidade e surgirem planos inexequíveis.

De modo geral, os verdadeiros trabalhadores permanecem sobrecarregados. Afirma Jesus: "A seara, na verdade, é grande, mas os trabalhadores são poucos" (Mateus, 9:37). A assertiva continua totalmente válida, pois os servidores não aumentaram como é desejável.

•••

Por serem escassos, os trabalhadores dedicados, com raras exceções, ficam bastante sobrecarregados, executando, muitas vezes, os deveres de dois ou três, com o sacrifício da família, do repouso ou do lazer.

É esse comportamento adequado? São eles obrigados a fazer a parte que compete aos outros?

Com certeza, não. Cada um precisa cumprir com os próprios compromissos e usufruir da paz pelo dever cumprido.

É melhor fazer pouco, com qualidade e sem sacrificar a si mesmo ou a família, do que se envolver com muitos afazeres e não praticar a caridade no lar ou reservar o tempo necessário para o próprio refazimento.

# Negativismo

Antero era um chefe de família e diretor de uma escola, que só encontrava pontos negativos nas pessoas e situações.

Ao constatar que o filho saiu atrasado da escola, depois de fazer um provão no curso preparatório ao vestibular, logo concluiu que ele se desentendeu com a direção da escola ou com seus companheiros de sala e ficara de castigo.

Um funcionário do estabelecimento de ensino chegou atrasado, imediatamente deduziu:

– Possivelmente envolveu-se em alguma confusão.

Ao receber a convocação para uma reunião do condomínio, sem demora, inferiu:

– A síndica infeliz apresentará justificativa para os orçamentos falsos.

Ao ser informado que a vizinha enviara-lhes um convite de casamento da filha, que era menor de idade, sem delongas, dirigiu aos seus familiares uma sequência de perguntas:

– Será gravidez? Quantos meses? Será que a criança é mesmo do namorado?!

Ao saber que um professor da escola estava com câncer, não hesitou em questionar:

– Quais serão os débitos que esse infeliz contraiu dessa vez?

Dirigia o seu carro por uma rua, quando o veículo da frente apresentou defeito no motor e parou. Não mediu as palavras:

– Essa geringonça empacou, porque o condutor não tem grana para a gasolina. Não sei por que não vende essa joça!

Num dia de faxina, encontrou a casa perfumada, a roupa em ordem e as crianças limpinhas e sorridentes. Verificando que o jantar não estava pronto para ser servido, precipitadamente, disse-lhes:

– Puxa! Sua mãe é preguiçosa. Nem para aprontar o jantar?!

No Plano Espiritual, em desdobramento, foi o último a chegar ao recinto em que se realizava uma palestra. Passou rápido pela recepção e, sem fazer a inscrição e sem pedir licença, entrou na sala esbaforido, no momento em que um aluno concluía a prece. Houve silêncio. Pensando que o discípulo fosse o instrutor e depois de observá-lo durante algum tempo, imprudentemente, questionou:

– Quais são as faltas que nós, alunos, cometemos para merecermos um instrutor mudo?

O instrutor, que estava sentado, discreto, fitou-o por alguns segundos e, bem-humorado e sorrindo, disse-lhe:

– Seja bem-vindo! Por favor, acomode-se. Esvazie o amargor que traz no peito, suavize a atmosfera densa que o envolve e substitua sua vestimenta um tanto agressiva e colérica por simpatia e cordialidade, gestos carinhosos de fraternidade, amor e lições de bom exemplo e renúncia.

Tendo identificado o instrutor e reconhecendo que fora infeliz na observação feita minutos antes, interrogou-o:

– Não perguntará por que cheguei atrasado? Não serei punido por chamá-lo de mudo? Com certeza, deve ter-me achado horrendo.

O mentor, serenamente, envolveu-o em clima de muito amor e respondeu:

– Peço-lhe que faça a autoanálise. Com a mesma medida com que tem feito julgamentos, julgue-se.

Antero caiu em si. Debruçou-se sobre a mesa... e chorou, arrependido.

Naquele momento, apresentou uma reação diferente das que costumava ter com os que o rodeavam na Terra.

Percebeu que houvera sido muito austero até aquele dia.

A partir daquele episódio, iniciou-se sua transformação...

•••

Não são poucas as pessoas que conservam o hábito de ver sempre o lado negativo das pessoas e situações. Vivem em permanente pessimismo. Encontram grande dificuldade de identificar o que os outros têm de bom. Observam, pensam, sentem e comentam os aspectos menos edificantes do semelhante.

Esse comportamento deixa-as predispostas a fazer julgamentos e a tirar conclusões apressadas. Por isso, passam quase todo o tempo sintonizadas com as mentes que se afinizam com o mal, homens ou espíritos.

Na carta aos cristãos de Éfeso, Paulo enfatiza: "Longe de vós toda amargura e cólera, e ira, e gritaria, e blasfêmias, e bem assim toda malícia" (Efésios, 4:31). É essa faceta maliciosa do ser humano que facilita o negativismo, razão por que ele não pode deixar de observar a recomendação do Apóstolo dos gentios, sob pena de não se libertar do mau hábito de olhar o homem e o mundo com malícia.

# *Nos arquivos do inconsciente*

No curso de aperfeiçoamento de palestrantes, que se realiza no Mundo Espiritual, o instrutor dissertou sobre a idolatria e os problemas do ego, enfatizando a importância da simplicidade, humildade, discrição, seriedade e honestidade em todas as atividades na Seara Espiritual.

No final, solicitou que os presentes procurassem observar, na própria tela mental, as reações que apresentavam após a execução das tarefas, especialmente quando eram alvo de aplausos, enaltecimentos, destaques, elogios, lisonja. Se essas coisas lhes causavam satisfação. Se esperavam que isso ocorresse. Se sentiam certa frustração quando não eram enaltecidos.

Seguiu-se espaço para perguntas.

Alberto, um trabalhador espírita encarnado, aluno do curso, pediu a palavra, não para questionar, mas para dar o depoimento de como reagia nessas situações.

Tentava comportar-se com modéstia, mas, no fundo, não ignorava que era detentor de inteligência brilhante, cultura e habilidade na argumentação; todavia, não percebia que orgulho e vaidade, imperfeições reforçadas em vidas anteriores e enraizadas no inconsciente, exerciam forte influência, superando o esforço que fazia para agir com humildade.

Preocupava-se excessivamente com a própria imagem. Como divulgador do Espiritismo, tinha a obrigação de preservá-la a todo custo. Não podia ser alvo de comentários. Quando cometia algum tipo de deslize, minimizava a própria culpa, atribuindo maior responsabilidade aos adversários desencarnados. Tomava cuidado excessivo com a aparência, a vestimenta tinha de ser sempre impecável.

O seu ego ficava inflado quando a apresentação era feita, destacando-se-lhe os títulos, cargos e realizações, assim como quando era alvo de aplausos e referências enaltecedoras às suas palestras e escritos.

Não escondia o desencanto e mesmo a contrariedade, quando era convidado para substituir outro palestrante, porque sentia que era colocado em segundo plano. Também quando era escalado para uma sala menor, ao tempo que a outro conferencista eram destinados grandes auditórios.

Acreditava que pelo seu potencial e competência, tinha a obrigação de cumprir muitos compromissos espirituais, e fazia todo esforço para atingir esse objetivo, mesmo que tivesse que sacrificar, com frequência, a família.

Assim permaneceu até que caiu em si, buscou conhecer-se melhor e passou a combater, sem tréguas, o orgulho e a vaidade.

•••

O presente caso pode ser bastante útil, despertando-nos para conhecer melhor o nosso mundo inconsciente, avaliarmos as nossas mais íntimas reações e identificarmos as verdadeiras motivações internas que nos impulsionam na execução dos compromissos que assumimos perante Deus e nosso Mestre Jesus. Aí estão gravadas as qualidades e tudo o que já conquistamos de postivo, bem como as más tendências e imperfeições ainda não superadas, entre elas, o orgulho, a vaidade, o narcisismo.

Em princípio, por não conhecermos esses arquivos profundos, costumamos não admitir muitos equívocos e utilizar vários mecanismos de defesa – conscientes e inconscientes –, justificando diversos atos e maneiras de reagir como sendo normais, sobretudo quando nos julgamos mais competentes para executar determinadas tarefas, ou o ego inflado com a idolatria.

Nesse estado, não raciocinamos com clareza, nem percebemos o mal que trazemos conosco. Além disso, convertemo-nos em atrativos para os espíritos inferiores, que não perdem a oportunidade de perturbar-nos o trabalho na Seara do Bem.

Deus, Jesus e os espíritos mais adiantados que nos assistem, conhecem-nos os pensamentos e sentimentos mais íntimos e a maneira de ser. São testemunhas de quando sofremos influências negativas, e tudo fazem para nos ajudar a raciocinar com clareza e desempenhar bem as tarefas espirituais; todavia, nem sempre captamos.

É importantíssimo observarmos as palavras de Jesus: "E conhecereis a verdade, e a verdade vos libertará" (João, 8:32).

Procurando conhecer o nosso mundo interior, descobriremos o que somos verdadeiramente, e teremos condições de liberarmo-nos das influências das imperfeições e más tendências armazenadas no mais íntimo do nosso ser.

# *O trabalhador espírita no ocaso da vida*

Jenuíno, um senhor já idoso, andava triste pelo que lhe havia acontecido no centro espírita onde trabalhara durante longo período da sua vida.

Numa noite, durante o sono, à beira de um riacho de águas límpidas, onde se podia contemplar vários peixinhos nadando de um lado para outro, encontrou-se, em espírito, com sua filha, igualmente em desdobramento fisiológico, estabelecendo-se entre eles importante conversação.

Falou sobre a incompreensão familiar e problemas orgânicos decorrentes do peso da idade avançada, como impaciência, irritação, esquecimento, fraqueza, transtornos gastrointestinais devido à ingestão de vários medicamentos prescritos pelos médicos, dificuldades de locomoção, dores, sensação de inutilidade. Fez, também, verdadeiro desabafo sobre a maneira como foi convidado a retirar-se do trabalho espiritual, no qual havia desempenhado a função de médium durante mais de três décadas, contribuindo com o alívio do sofrimento de muitos que o procuravam, inclusive crianças. O motivo alegado pelo presidente da casa foi a idade avançada.

Longe dos trabalhos espirituais, passou a sentir-se inútil.

Seu relato era sereno, mas as lágrimas denunciavam o seu sofrimento.

A filha conhecia o problema, mas ouvia atentamente. Ao mesmo tempo, cheia de compaixão, enviava ao Criador, pelo pensamento, pedido de amparo e proteção para o seu querido genitor. Logo, viu-se a luz dos bons espíritos que o amparavam e envolviam em fluidos balsamizantes.

O desabafo, as preces silenciosas e o auxílio espiritual proporcionaram-lhe grande bem. Estava mais calmo e sereno.

Os amigos espirituais fizeram-lhes sinal para que os acompanhassem até um centro de assistência, em esfera mais elevada. Tendo recebido medicamentos espirituais e energias revigorantes, mostrou-se refeito e em condições de receber orientações que pudessem ajudá-lo.

O instrutor recomendou-lhe que colocasse em prática a compreensão, exercitasse a tolerância e a paciência com os familiares, suportasse os revezes da vida com alegria, procurando substituir os pensamentos negativos pelos positivos, escolhesse programas de TV mais alegres, evitando notícias deprimentes, e selecionasse bem as leituras, preferindo as que fossem edificantes.

Concluída a orientação, o mentor liberou-o, solicitando à filha que o conduzisse de volta ao corpo.

•••

O instrutor espiritual convidou o presidente do referido centro espírita para que, juntos, analisassem a sua situação.

Após cumprimentá-lo educadamente, invitou-o a sentar-se. Sem delongas, perguntou-lhe como estavam os trabalhos na instituição que dirigia.

O dirigente explicou que havia dificuldades em diversos setores de atividades e que, para algumas delas, não estava encontrando solução.

A par de tudo o que ocorria, o mentor considerou que os dirigentes precisariam tomar cuidados com relação ao tipo de trabalho que desenvolviam. Recomendou-lhes que meditassem sobre a importância do aproveitamento dos servidores de Jesus, já idosos, ponderando que o método que usavam – que obrigava os mais velhos a interromperem a sua colaboração nessa fase da vida – não estava de acordo com as bases kardequianas. Conscientizou-o quanto ao zelo que se deveria ter com as condições psicoemocionais dos trabalhadores e a necessidade de se adequarem às atividades, a fim de evitar quaisquer problemas decorrentes da participação de colaboradores que estivessem no ocaso da vida.

Enfatizou que a metodologia adotada precisaria ser reavaliada, porém com o cuidado de submeter as novas ideias à análise cuidadosa, sobretudo as que são propostas por principiantes, com conhecimentos doutrinários limitados. E ressaltou que é imprescindível que estejam fundamentadas na Codificação. Lembrou que a instituição pode ter certa flexibilidade para melhor atender aos frequentadores, mas sempre respeitando as diretrizes das obras básicas da Doutrina Espírita, para que seja mantida a disciplina.

Para que não houvesse dúvida sobre as suas considerações, apresentou um esquema que poderia ajudar. Consiste na seguinte sequência: de início, procede-se à reavaliação das atividades; em seguida, elas são confrontadas com a Codificação; por fim, as adequações necessárias são realizadas. Dessa forma, os problemas poderiam ser solucionados.

•••

Quando uma pessoa assume a condição de trabalhador do Movimento Espírita, ao mesmo tempo faz o compromisso de manter fidelidade doutrinária. Assim, não poderia introduzir inovações nos ensinamentos ou na prática. Mesmo os trabalhos que são realizados há muitos anos podem necessitar de reavaliação por conterem incongruências, quando se procede à meticulosa correlação com as obras de Allan Kardec.

Um critério bastante seguro, que nunca devemos deixar de aplicar, consiste em examiná-los à luz da Doutrina Espírita e só implantá-los ou conservá-los se, de modo nenhum, conflitarem com ela. Em outras palavras, rejeitar todo tipo de prática que não esteja claramente dentro do que ensina Kardec. Na dúvida, é preferível abandonar qualquer projeto certo, a correr o risco de implantar um que seja inconveniente, posto que, depois de consolidado, é muito difícil alterá-lo ou, menos ainda, suspendê-lo.

Algumas práticas são conservadas por muitos anos por diversos dirigentes, com o argumento de que sempre foram feitas daquela maneira e continuam dando certo. Precisamos questionar se realmente dão bons resultados ou são os encarnados que pensam que sim? E se os benefícios ocorrem mais por mérito de quem procura ajuda na instituição? Será que os mensageiros de Jesus não são obrigados a se desdobrarem para que os bons frutos não desapareçam? Não seria para evitar coisa pior?

Será que não falta humildade para admitir-se a necessidade de reavaliação?

A verdade é que, se os trabalhos forem orientados rigorosamente dentro da Codificação, a colheita de frutos de boa qualidade estará assegurada. Caso contrário, nenhum êxito estará garantido.

Muito oportuno o alerta de Paulo: "Não vos deixeis envolver por doutrinas várias e estranhas" (Hebreus, 13:9).

•••

Quanto ao trabalho dos idosos na Seara Espírita, de acordo com a ordem natural das coisas, a eles ficam reservadas atividades compatíveis com as suas condições físicas e mentais. Mais importante ainda é poder contar com a sua experiência, que pode ser bastante útil, para que evitem os desacertos muito comuns entre os mais inexperientes. Os dirigentes e trabalhadores que se dispõem a aproveitá-la bem, na hora certa, sem dúvida, acertam bem mais.

Tirar ao homem provecto essa oportunidade, é condená-lo viver os dias que lhe restam na Terra, com a triste sensação de que não são mais úteis.

O que de positivo tiramos para nós, ao socorrermos os que procuram as casas espíritas e os espíritos sofredores, se faltamos com a caridade com os próprios trabalhadores que envelhecem?

# *O homem verdadeiro*

O comportamento de Astolfo não obedecia a um mesmo padrão. Na presença dos outros, sempre ocultava o que realmente pensava e sentia, recorrendo, muitas vezes, a inverdades.

Quando estava só ou na companhia dos íntimos, tinha o hábito de jogar lixo na rua, praças, rodovias, escolas, cinemas, teatros, clubes, e até em recintos religiosos; usar palavras torpes; adotar comportamentos antissociais; pisar a grama ou andar no meio de canteiros de jardins; atirar restos de alimentos ou coisas inservíveis em locais impróprios; deixar os dejetos dos animais de estimação em lugares públicos etc.

Tais comportamentos, com o tempo, tornaram-se bastante enraizados, viciosos, difíceis de serem erradicados. Por outro lado, passou a acreditar nas mentiras, como se fossem verdadeiras.

Invariavelmente, buscava justificativa para os seus atos, mesmo que fossem inadequados ou não condizentes com a realidade, como a criação, em casa, de animais ferozes, como determinadas raças de cães, que, se escapassem das correntes, poderiam atacar outras pessoas, provocando grandes ferimentos. Apesar dos riscos, justificava que precisava deles para vigiar a área externa de sua casa e insistia em mantê-los, sem se preocupar com crianças e idosos, suas vítimas mais frequentes.

No Mundo Espiritual, com a ajuda dos mentores, compreendeu que conseguia ocultar tudo isso apenas do semelhante, mas nunca de Deus, que lhe conhece os mais secretos pensamentos, sentimentos, desejos, palavras e atos. E fez o compromisso consigo mesmo de fazer todo o esforço possível para ter um só padrão de conduta com base no Evangelho e nas leis do Criador.

●●●

O comportamento do homem, na Terra, é influenciado pelas suas necessidades básicas, interesses, profissão, vocações, ideais, sonhos de riqueza e poder, ambição e outros fatores. Também a preocupação de agradar e de não contrariar os outros, sobretudo aqueles que possam favorecer-lhe as conquistas. Em virtude disso, não costuma revelar o que realmente é, mas, sim, uma face que é o resultado de um ou mais desses fatores.

Essa maneira de ser, muitas vezes, é um mecanismo de defesa usado por aqueles que se sentem constrangidos de expor os seus muitos defeitos, e justificam-na, argumentando que quem não age assim fica sempre em desvantagem, posto que acaba sendo preterido no trabalho, na política, na vida social e até mesmo no meio religioso.

Deus, Jesus e os espíritos elevados conhecem-nos o íntimo, as imperfeições e qualidades, o que pensamos e o que sentimos.

Não desconhecemos que essa maneira de ser não tem a aprovação da nossa consciência, onde está impressa a lei de Deus.

Os ensinamentos de Jesus e dos espíritos têm o elevado objetivo de conscientizar-nos de que a conduta ideal é a que se fundamenta nos padrões do Evangelho, mesmo que obtenhamos desvantagens perante o mundo material. O que realmente importa são os ganhos de ordem espiritual.

Como cristãos, não podemos deixar de observar as palavras de Jesus: "Fariseu cego, limpa primeiro o interior do copo, para que também o seu exterior fique limpo" (Mateus, 23:26). O copo simboliza o homem que necessita combater as imperfeições para manter limpo o interior, o espírito.

Assim, é indispensável esforçarmo-nos no sentido de conhecermos as leis de Deus e orientarmos todos os nossos atos pelas sábias instruções do Mestre, mesmo quando estivermos a sós, desenvolvendo hábitos saudáveis – sempre com sinceridade e falando a verdade –, e teremos um só padrão de conduta.

# Obsessão e excessos

Como vinha fazendo há alguns meses, Osório, um industrial de prestígio, em sua confortável residência, preparava-se para o repouso, após mais um dia de intenso trabalho, quando, subitamente, sem motivo aparente, sentia irresistível desejo de ingerir mais alimentos. Assim, além de tragar algumas doses de uísque, empanturrava-se de comida bem condimentada antes de recolher-se.

Esses novos hábitos contrastavam com a sua maneira disciplinada de viver: alimentava-se sem exageros, bebia com moderação e apenas socialmente, fazia check-up anualmente e preocupava-se com a saúde. Depois de longos anos, entretanto, sem motivo aparente, adotou comportamento bem diverso. Contrariando as recomendações de seu cardiologista, passou a comer e beber em excesso.

O seu peso não demorou a subir. E logo vieram as consequências sobre o aparelho circulatório, tendo de ser hospitalizado às pressas.

Durante o período em que se encontrava na UTI, divisou a presença de uma enfermeira desencarnada, que havia sido sua mãe em outra existência, e há muito vinha tentando ajudá-lo, sem lograr bons resultados, em virtude do seu envolvimento nas atividades administrativas, que lhe reduziam a sensibilidade e percepções espirituais.

Durante o sono, ela o conduziu ao Plano Espiritual para receber assistência e esclarecimentos dos espíritos amigos. No ambiente de sublimes vibrações, numa tela, pôde ver que estava sob o império de dois espíritos que exerciam poderosa influência obsessiva sobre a sua mente, induzindo-o a sentir intenso desejo de comer e ingerir bebida alcoólica em excesso. Com o raciocínio prejudicado pelo estado obsessivo, cedia às sugestões. Com os esclarecimentos, veio a saber que os perseguidores haviam traçado um plano para agravar-lhe a doença circulatória – que estava sob controle graças aos cuidados médicos, à dieta e à disciplina que seguia –, e assim, provocar-lhe a desencarnação precoce.

Caindo em si e compreendendo a situação em que se encontrava, dirigiu a Deus profunda e sincera prece, rogando-lhe que o ajudasse a libertar-se da obsessão, bem como voltar a manter a disciplina que conservara até o dia em que se deixou enredar na trama urdida por aqueles espíritos infelizes.

Com a vontade firme de acertar, a oração, a vigilância constante, que manteve a partir daquele dia, os obsessores perderam o domínio que sobre ele exerciam.

•••

O homem é o maior responsável pelos excessos que comete, e age assim quando se encontra numa faixa mental negativa, resultante das suas tendências inferiores.

A sua situação pode ser agravada pelas sugestões dos espíritos imperfeitos, cuja influência pode ser bastante prejudicial. O seu propósito é desencadear ou agravar-lhe doenças, provocar-lhe mudanças na aparência pela obesidade ou o desequilíbrio emocional. No caso de bebida alcoólica e drogas, o objetivo, quase sempre, é o de levá-lo à desmoralização, à sarjeta, à desestruturação da família, ao desencadeamento de transtornos mentais diversos ou ao suicídio.

Essa influência nefasta costuma turvar-lhe o raciocínio, de modo que o discernimento fica bastante prejudicado. Com isso, demora a perceber que passa a trilhar a estrada larga, que leva à perdição e comete muitos excessos.

Os sacerdotes alertados por Oséias encontravam-se numa faixa mental semelhante: "Na prática dos excessos vos aprofundastes" (Oséias, 5:2). Eis por que não conseguiram manter o discernimento necessário.

Depois que sai da faixa mental inferior, quase sempre o homem fica perplexo por ter agido de maneira tão diferente da que escolheria se pemanecesse equilibrado e livre de tais interferências.

Vigilância e oração são os recursos recomendados por Jesus para sairmos da faixa mental negativa e livrarmo-nos das influências dos espíritos inferiores. Isso se faz com estudo, meditação, vivência dos ensinamentos, cultivo de pensamentos elevados e sentimentos nobres, equilíbrio e renovação mental.

É preciso observarmos as palavras de Pedro: "Sede, portanto, criteriosos e sóbrios a bem das vossas orações" (1 Pedro, 4:7).

Agindo de acordo com essa ponderação, criaremos um ambiente favorável tanto para a oração, como também para a elevação do padrão mental e, consequentemente, teremos condições de liberarmo-nos das influências obsessivas.

# *Ontem dominador, hoje dependente*

Honório foi um poderoso fazendeiro que tinha vários trabalhadores em sua propriedade. Alguns gozavam da sua confiança e tinham remuneração mais justa. Os outros ganhavam salário irrisório, insuficiente para as suas necessidade básicas. Não podiam afastar-se da fazenda, nem para providenciar alimentos ou remédios. Não tinham como reclamar, nem quem os defendesse. Eram totalmente dominados pelo patrão e viviam em regime de escravidão.

Na realidade, Honório foi um verdadeiro controlador de mentes. Interferia na vida íntima dos familiares dos trabalhadores, escolhendo-lhes os companheiros matrimoniais; determinava-lhes o que e quando podiam comer; responsabilizava-se pelo planejamento familiar de cada casal; influenciava-lhes a conduta moral; impedia-os de aprender a ler ou desenvolver-se culturalmente; exigia que as crianças começassem a trabalhar muito cedo, inibindo-lhes o desenvolvimento infantil saudável; castigava-os quando resistiam ou se opunham às suas ordens.

Os anos sucediam-se sem que houvesse qualquer mudança, até que o insensível senhor foi chamado à Pátria Espiritual. Depois de acerbos sofrimentos, foi recolhido a uma colônia espiritual pelos emissários divinos, para novos aprendizados. Com os esclarecimentos que lhe deram, compreendeu a extensão dos seus débitos e a necessidade do retorno à vida física para repará-los.

Honório reencarnou com síndrome de Down. Com as limitações que esse transtorno impõe, não lhe restou outra alternativa, senão viver dependente das pessoas que assumiram o compromisso de ampará-lo, dentre os quais alguns que foram trabalhadores da sua fazenda no passado.

No corpo, não conseguia compreender as limitações e, por isso, sentia revolta. Entretanto, no Mundo Espiritual, durante o sono físico, foi recebendo esclarecimentos por parte dos bons espíritos, até que compreendeu as razões do seu sofrimento moral, ficando mais resignado.

Ontem dominador, hoje dependente...

•••

São muitos os portadores de deficiências de fundo neurológico que são espíritos que já tiveram a oportunidade de desenvolver bastante a inteligência e a força mental, mas não sabem aproveitá-las para o próprio bem e do semelhante; e sim, para dominar e satisfazer o egoísmo.

Quem os vê, sobretudo os portadores da síndrome de Down, e que se coloca nos seus lugares, quase sempre fica muito sensibilizado pelas limitações que possuem, de caráter irreversível, bem como de seus pais, que, com raras exceções, também sofrem. A tendência é vê-los como pessoas infelizes.

Sob o ponto de vista espiritual, a visão é outra. Eles estão entre os que Jesus considera felizes, quando afirma: "Bem-aventurados os que choram, porque serão consolados" (Mateus, 5:4). Isso quer dizer que serão agraciados com a paz de consciência, por saberem aproveitar o sofrimento para reparar desacertos do passado.

Como todos os que aproveitam bem o sofrimento para a reparação do mal cometido em outras existências, serão felizes, principalmente depois que deixarem o vaso físico.

Não podemos afirmar, de modo taxativo, que todos os portadores dessas limitações estão num processo de resgate, pois o espírito dispõe do livre-arbítrio e pode solicitar a Deus tais deficiências como medida educativa para si mesmo ou para ajudar no progresso espiritual de alguma pessoa muito necessitada, que reencarna na condição de parente próximo.

Acima de tudo, prevalece a sábia vontade de Deus, que conhece as nossas mais íntimas necessidades.

# *Obediência*

Rosa é uma servidora de Jesus que aproveita o sono fisiológico para participar do curso que se realiza no Mundo Espiritual.

Certo dia, durante uma aula, relatou sua experiência.

Foi uma criança muito obediente aos pais, aos quais dedicava grande amor e gratidão pela maneira carinhosa e desvelo com que a criavam. Mesmo no período de adolescência e mocidade, não sentia qualquer necessidade de contestá-los.

Seu maior prazer era estudar e conviver com os seus pais e com crianças em creches.

Amadureceu, passou a exercer a sua profissão, casou-se e passou a cuidar da sua vida e do seu lar.

Seus pais, no entanto, não se deram conta de que ela havia crescido e amadurecido, e não mais poderia acatar todas as suas recomendações. Eles não conseguiam aceitar a sua independência. Não tomaram consciência de que não seria recomendável interferir na sua vida pessoal, na organização da sua casa, nos cuidados e na educação de filhos, como se ela permanecesse indefinidamente dependente e incapaz de gerir as suas coisas. Sentiam-se incomodados, como se ela houvesse mudado muito e deixado de ser cordata.

Apesar de agir com independência, cedia em muitos pontos e aceitava certas sugestões, muitas vezes a contragosto, como se não tivesse direitos.

Com o curso e a orientação do instrutor espiritual, conseguiu libertar-se do passado e de tudo o que gera sentimentos de culpa, tendo condições de fazer as suas próprias escolhas, sem medo de contrariar os familiares e de recusar as sugestões insensatas.

Compreendeu que deveria praticar a caridade e cultivar a indulgência, aceitando as diferenças com respeito e serenidade, sobretudo em relação aos pais; aproveitar a experiência para ser mãe zelosa e carinhosa, respeitando os ideais da filha, sendo-lhe guia exemplar, sem cobrar-lhe comportamentos iguais aos seus.

•••

A obediência é uma virtude que consiste em acatarmos o que é benéfico para a nossa melhoria espiritual; significa, pois, obedecer a Deus ou aos homens equilibrados que se preocupam com o nosso bem, especialmente os nossos pais.

No mundo, ainda são muitas as pessoas que resistem contra ela, preferindo a rebeldia contra as boas ideias e orientações.

A Deus e a Jesus podemos obedecer incondicionalmente, mas aos homens, isso só é possível depois de criterioso exame.

Paulo pondera: "Não sabeis que daquele a quem vos ofereceis como servos para obediência, desse mesmo a quem obedeceis sois servos, seja do pecado para a morte ou da obediência para a justiça?" (Romanos, 6:16). Portanto, ao Supremo Senhor e ao Mestre podemos colocarnos na condição de "servos para a obediência" e teremos muito a ganhar.

O filho obediente, à medida que amadurece e adquire independência, muitas vezes depara-se com situações em que não tem como acatar tudo o que os pais aconselham ou recomendam, ficando com problema de culpa, ao observar-lhes as manifestações de descontentamento. Se lhe permanece em paz a consciência, não tem que alimentar culpa.

É importante que os pais compreendam o momento como os filhos adquirem o direito de decidir os rumos da própria vida. Isso é necessário para o seu crescimento espiritual.

# *Perdão recíproco*

Kássia, a filha mais velha de um modesto casal da zona rural, desde nova, desenvolveu prendas domésticas variadas e sempre foi prestativa, ajudando o seu pai na plantação e colheita e no cuidado com os animais do sítio em que viviam.

Além das tarefas domésticas, auxiliava os genitores no cuidado com os irmãos, principalmente Kátia, a irmã caçula. Esta era muito travessa e, frequentemente, subia nas árvores para fugir do banho e de suas obrigações.

Mesmo residindo distante da cidade, Kássia, por sua delicadeza e qualidades domésticas, chamou a atenção de um comerciante que, todo mês, visitava o sítio a negócios, que se mostrou muito interessado nela e pediu-a em casamento.

Ainda jovem, contraiu matrimônio e, para tristeza dos genitores, foi morar na cidade.

Como os pais, planejou ter seis filhos, que não tardaram a vir à luz.

Levava vida calma e mantinha bom relacionamento com o esposo. Eram simples, mas tinham tudo para serem felizes.

Kátia não tinha a mesma disposição da irmã para ajudar nos serviços do campo. Seu sonho era estudar, mas não havia como concretizá-lo na zona rural.

Kássia e Carlito, seu esposo, decidiram acolhê-la em sua casa.

A garota faceira, alegre, começou a frequentar a escola. Não tardou, entretanto, a apresentar dificuldades.

Por mais que se esforçasse, a irmã não conseguiu ajudá-la, pois não frequentara escolas que pudessem dar-lhe a base necessária. Em razão disso, não se opôs a que o esposo auxiliasse a irmã nos estudos. Com o passar do tempo, aumentava-se a motivação de Kátia para recorrer a Carlito sempre que apresentava dificuldades nos trabalhos, pesquisas, interpretação de textos, redação, preparação para provas.

Kássia cuidava da casa e dos filhos e, inclusive, confeccionava roupas para eles e até para a irmã. Além disso, preparava-lhes lanches, para que não perdessem tempo.

Ela não costumava ir ao local de trabalho do marido. Todavia, certa manhã, após deixar os filhos na escola, resolveu passar por lá, para entregar-lhe uma flor que havia colhido no jardim de sua casa. Abriu a porta do escritório sem que ninguém percebesse e deparou-se com uma cena que a chocou profundamente: ele e Kátia trocavam carícias. Atônita, fechou a porta sem fazer ruído e, em lágrimas, voltou para casa, conduzindo a florzinha na mão.

A recepcionista colocou o patrão a par da visita da esposa, que saíra em silêncio.

Kátia ficou muito envergonhada e, como estava terminando as provas, preparou a sua bagagem e foi passar as férias com os pais.

Assim que seguiu viagem, Kássia pediu ao esposo que fizesse as malas e fosse morar numa pensão. Em consideração às crianças, evitam qualquer discussão. Carlito acatou sem relutância.

Estranhando o clima do campo e, por causa da resistência, que havia baixado por causa da alimentação deficiente, Kátia contraiu penumonia, vindo a desencarnar dias depois.

Kássia, que já era frequentadora assídua de um dos cursos que se realizam no Mundo Espiritual e integrava uma das equipes socorristas, durante o sono físico, deu assistência à irmã com esmero e carinho, durante meses seguidos. Em suas preces sinceras, sempre pedia que Deus e Jesus a ajudassem a compreender os motivos que levaram a sua irmã a agir de maneira tão imprudente.

Assim que Kátia se recuperou dos problemas decorrentes da passagem, o instrutor espiritual providenciou para que viesse junto com a irmã à sala adequada, a fim de tomarem conhecimento dos fatos passados geradores do drama em que estavam envolvidas.

Em outra existência, Kássia havia sido secretária de Carlito, após uma seleção da qual participaram outras candidatas, entre as quais, Kátia. Mesmo não sendo a mais habilitada, fora contratada. A irmã atual, que havia tido acerto de cem por cento das questões, foi incorporada na empresa, mas numa condição inferior e sem função definida. Ela não teve como recusar, pois precisava ajudar no orçamento doméstico, especialmente porque seus pais eram portadores de doenças degenerativas, não tendo, por esse motivo, como garantir os recursos para suprir as necessidades da família.

Devido à ineficiência da secretária, muitos documentos importantes eram mal feitos, e a culpa era atribuída à outra. Isso causou grandes prejuízos à firma.

O patrão fazia vistas grossas, beneficiando, assim, a sua secretária.

A verdade é que, a secretária (Kássia) perseguiu, por muito tempo, a colega de trabalho (Kátia), que tinha uma função inferior à sua.

Finda a observação das experiências de outra vida, as irmãs abraçaram-se e Kátia, em lágrimas, pediu à irmã que reatasse o casamento com Carlito, pelas crianças e por ela mesma, pois só assim conseguiria ter paz. Além disso, estava decidida a não cometer novos equívocos, nem provocar o mal a quem quer que seja.

Kássia também pediu desculpas e, em lágrimas, disse que não lhe desejava qualquer tipo de sofrimento.

No dia seguinte, Kássia recebeu um ramalhete de rosas com um cartão que continha os seguintes dizeres:

"Meu amor,

Dê-me a oportunidade de ser-lhe fiel e fazê-la a mais feliz das mulheres e, aos nossos frutos, a de receber o que sempre você nos deu: amor." Carlito.

•••

Dois espíritos que foram adversários numa existência podem reunir-se num mesmo lar para converter a animosidade em amor. Isso não é raro no mundo em vivemos por serem os seus habitantes ainda muito imperfeitos.

Nesse relato temos um caso típico. Na última encarnação, as duas nasceram como irmãs, tiveram a oportunidade de se reconciliarem e aproveitaram-na bem. Estão unidas pelos laços indestrutíveis da fraternidade.

Souberam colocar em prática o ensinamento de Jesus: "Entra em acordo sem demora com o teu adversário, enquanto estás com ele a caminho" (Mateus, 5:25).

•••

Outro aspecto que merece ser observado e examinado é o da nova oportunidade que a esposa deu ao marido. Sem dúvida, ela não tinha a obrigação de fazê-lo, mas o gesto revela o seu grau evolutivo e contribui para que evolua mais. Da mesma forma, a assistência que proporcionou à irmã, quando esta retornou ao Mundo Maior. Um sinal de que já tem elevada compreensão dos ensinamentos evangélicos é o aproveitamento dos momentos proporcionados pelo sono para estudar e trabalhar no Plano Espiritual.

# *Perfeccionismo*

Leandro era um empresário que exercia atividade espiritual como médium e evangelizador de crianças.

Mantinha os seus pertences rigorosamente organizados. Era autoritário, exigente, crítico e inflexível com os familiares e os funcionários da empresa.

Cobrava dos filhos nota máxima em todas as disciplinas e dos subordinados exigia perfeição. Costumava monopolizar a palavra e nunca estava aberto ao diálogo.

Não se sociabilizava com os parentes e amigos e não aceitava opiniões diferentes das suas. Com o olhar, reprovava os gestos naturais e até mesmo o sorriso das pessoas.

A esposa, doce e compreensiva, fazia grandes sacrifícios para suportar-lhe as críticas constantes.

Agia da mesma maneira com as crianças a quem ministrava aulas de moral cristã, criticando-lhes as ideias que não coincidissem com as suas. Por isso, sentindo-se constrangidas, muitas procuravam outras salas, ou mesmo outras instituições para o seu aprendizado evangélico.

Com o objetivo de ajudá-lo a compreender a necessidade de mudar o comportamento, os espíritos convenceram-no a ingressar num dos cursos que se realizam no Plano Espiritual no horário do sono fisiológico.

O instrutor conduzia o curso com serenidade, doçura e afabilidade, sempre ajudando os alunos a se conhecerem melhor. À medida que as aulas se sucediam, foi compreendendo as razões da sua conduta. Tomou consciência de que a maneira como foi tratado pelos genitores teve grande influência. Seu pai, militar, era rigoroso e disciplinador, e a mãe, executiva, frequentemente demonstrava hostilidade. Isso ficou indelevelmente registrado no seu espírito, funcionando como fator determinante da sua maneira de ser. Agia, pois, mais de modo inconsciente.

Sabendo que poderia mudar o comportamento, não procurou culpados. Com o auxílio dos ensinamentos evangélicos, a orientação do instrutor e muita prece, começou a transformar-se.

Tempos depois, teve a oportunidade de relatar aos colegas de curso o progresso que havia conseguido no relacionamento com os familiares, os funcionários da empresa, os amigos, os companheiros de trabalho mediúnico e os alunos de evangelização.

•••

Trabalhar pelo autoaperfeiçoamento é dever de todos nós, sem exceção, não só na Terra, como também na Pátria Espiritual. É, portanto, nosso dever. Isso, entretanto, não nos autoriza a tornarmo-nos perfeccionistas. Uma coisa é lutar pela conquista da perfeição, outra é exigir que os outros nunca errem. A rigidez não constrói, pelo contrário, desestimula, desanima, revolta.

Na verdade, ninguém consegue acertar sempre, por mais esforço que faça nesse sentido. Equivocar-se é uma das consequências da imperfeição do ser humano. O importante é conseguirmos errar cada vez menos e acertar sempre mais.

A melhor orientação para direcionar-nos a conduta é a sabedoria lá do alto, que, segundo Tiago, "é, primeiramente, pura; depois, pacífica, indulgente, tratável, plena de misericórdia e de bons frutos, imparcial, sem fingimento" (Tiago, 3:17). Indulgência, pois, com as imperfeições do nosso semelhante.

Por nossa vez, precisamos, também, de muita indulgência. Em realidade, todos os dias, necessitamos rogar ao nosso Pai Celestial misericórdia em relação a nossos defeitos e desacertos.

# *Problemas de dirigentes espíritas*

Inúmeros dirigentes de instituições espíritas de diversas regiões, durante o sono, participaram de reunião realizada no Mundo Espiritual para debater os problemas e dificuldades que lhes atrapalhavam o desempenho das funções.

Inúmeros pontos foram levantados pelos presentes: necessidade de permanecer no cargo, mesmo com a idade avançada, por falta de substituto; insatisfação com a administração anterior, que não demonstrou a devida competência; falta de homogeneidade da equipe diretiva; dificuldade de relacionamento entre os membros da diretoria; produtividade aquém das expectativas, devido à pouca dedicação dos membros das equipes; interferência de ex-dirigentes, que continuavam determinando o que devia ser feito.

O instrutor espiritual, que dirigia a reunião, através de questionamentos muito bem formulados, levou-os a examinar os problemas com profundidade, sinceridade, humildade e sem os mecanismos de autoproteção. Finda a análise, conseguiram identificar onde se encontravam as maiores dificuldades.

Com o novo entendimento, foram novamente repassados.

**Permanência prolongada nos cargos, mesmo com a idade avançada:** na maioria das vezes, decorria de necessidades do seu próprio ego, quase sempre, inconscientes.

**Resistência em somar experiências:** resultavam do fato de não valorizarem os trabalhos realizados ou iniciados por antecessores e, assim, alimentavam forte desejo de mostrar as suas próprias obras, sua criatividade, sua capacidade de inovar e suas ideias brilhantes, dignas de admiração e enaltecimento.

**Inabilidade de exercerem liderança:** faltavam-lhes as qualidades necessárias para obterem êxito e acabavam agindo com certo autoritarismo.

**Dificuldade de formar equipes homogêneas:** eram poucos os que tinham o ideal e a disposição de servir, motivo por que costumavam ser inconstantes

**Falta de motivação dos demais componentes da diretoria:** não conseguiam motivar os outros membros da equipe diretiva para o cumprimento das tarefas que lhes competiam.

**Pobreza de criatividade ou iniciativa:** muitos eram limitados para criar e tomar iniciativas, em virtude de não estarem investidos nas funções para as quais foram preparados antes da reencarnação.

**Queda na produtividade:** resultava da longa permanência na função, idade avançada ou perda de motivação.

**Interferência de ex-dirigentes:** frequentemente, interferiam, determinando o que deveria ser feito, gerando descontentamento na equipe.

Os participantes foram conscientizados que tinham condições de eliminar ou minimizar muitas dessas dificuldades; precisavam começar com eles próprios; depois, com os outros.

•••

O instrutor espiritual comentou sobre a importância de diversas medidas e atitudes que os dirigentes precisam observar para cumprirem bem as suas funções: obedecer aos princípios básicos da Doutrina, não oferecendo resistência à sua implementação; aplicar justiça e imparcialidade nas decisões; valorizar os bons trabalhos realizados pelos antecessores; desenvolver espírito de liderança e criatividade; manter mente aberta, autoconfiança e honestidade; empregar, com equilíbrio, energia e disciplina; ter flexibilidade no exame e execução dos novos planos bem fundamentados doutrinariamente; admitir e reconhecer os próprios equívocos e repará-los de maneira segura, contínua e serena; analisar com cuidado as opiniões e ideias dos demais membros da diretoria e trabalhadores, acatando as que forem sensatas; elaborar o programa de atividades; preparar e aperfeiçoar trabalhadores, dando oportunidade aos novos; priorizar as atividades essenciais do centro espírita; tomar cuidado de não valorizar excessivamente, nem destacar os títulos dos trabalhadores, zelando para que a humildade seja observada em todas as atividades.

•••

O trabalho de direção ou coordenação, nas instituições espíritas, não é fácil, porque depende de voluntários, de adeptos motivados pelo ideal de servir e de trabalhar com amor na Seara do Mestre. Se conduzido de maneira personalística, impositiva, corre enorme risco de não ser bem sucedido, pois os que agem assim encontram grande dificuldade de formar equipe.

O personalismo tem sido causa de muitas dificuldades no Movimento Espírita, constituindo-se, em alguns lugares, verdadeiro entrave à sua expansão. Os que não superaram ainda essa imperfeição, costumam pensar que são mais competentes e praticamente insubstituíveis; consideram melhores as suas ideias e, portanto, devem prevalecer; não costumam ouvir os outros nem valorizar as suas opiniões.

O ideal é que nos coloquemos à disposição da causa e, portanto, do Mestre, que é o nosso Governador Espiritual, acatando-lhe as determinações, como nos recomenda Paulo: "Quanto aos servos, que sejam, em tudo, obedientes ao seu senhor, dando-lhe motivos de satisfação" (Tito, 2:9). Jesus é o nosso senhor, e nós, os seus servidores. Obedecendo aos seus ditames, quando do cumprimento das tarefas que nos compete, estaremos sendo efetivos colaboradores de sua obra.

Não há como compatibilizar humildade e obediência com personalismo, posto que são antagônicos.

Aproveitaremos melhor a oportunidade que Deus nos concede, se nos dispusermos a servir sem nenhuma exigência de caráter personalístico.

# Reações impulsivas

O instrutor espiritual concluiu a sua aula sobre a necessidade que tem o homem de vencer a indignação e as reações impulsivas, do curso de aperfeiçoamento de instrutores e orientadores de comportamento ético-moral, ministrado no Mundo Espiritual, do qual participam vários trabalhadores encarnados, em desdobramento, e convidou os alunos a fazerem uma avaliação dos resultados positivos que haviam conseguido durante a primeira fase do curso.

Marilena examinou, com atenção, as observações feitas pelo instrutor na sua "ficha". Verificou que tratavam do seu comportamento, particularmente das reações impulsivas – gestos bruscos e atitudes de atirar objetos ao chão –

que costumava apresentar sempre que ficava indignada e aborrecida com algum acontecimento relacionado com o marido, ou com algo que ele dizia, sobretudo quando se sentia injustiçada.

Através das aulas e atividades realizadas no Plano Espiritual, o instrutor levou-a a identificar as causas de tais reações, que vinham da existência anterior, quando teve uma experiência amarga: foi abandonada pelo marido, com duas crianças pequenas, de maneira impiedosa e sem meios de subsistência. Por absoluta falta de condições, não teve outra alternativa, senão deixar os filhos aos cuidados de outras pessoas. Isso a fez sofrer superlativamente, imprimindo marcas profundas em seu espírito.

Ela e o companheiro de outrora estavam unidos novamente. Ele não havia superado determinados conflitos, não só daquela existência, como da atual, os quais influenciavam na sua maneira de ser. Tentava agir de maneira mais justa, mas não conseguia, porque muitos deles estavam na plano inconsciente.

Recentemente, com a ajuda de Deus, de Jesus, dos bons espíritos e da própria esposa, ele identificou os motivos mais profundos dos seus conflitos e obteve grandes progressos na luta pela sua libertação.

O momento era, pois, propício para que ela também se libertasse dos fatores geradores das suas reações impulsivas.

A partir daquele dia, com as orientações do instrutor, melhorou muito, diminuindo tais reações.

•••

As experiências – boas ou traumatizantes – de nossas diversas existências vão sendo registradas na nossa memória espiritual. Quando reencarnamos, não são transferidas para a memória cerebral; todavia, não são perdidas, pois permanecem no nosso inconsciente. Não nos lembramos delas quando estamos em vigília, mas podemos evocá-las quando estamos fora do corpo, durante o sono.

Elas podem exercer marcante influência sobre as nossas vidas, provocando reações diversas, cujas causas não conseguimos identificar. Isso tem sido demonstrado através das pesquisas no campo da Psicologia, particularmente da terapia regressiva a vivências passadas.

Inúmeros casos de portadores de transtornos psicológicos diversos só são resolvidos com recursos psicoterápicos de profundidade, que penetram no plano inconsciente, particularmente os que ultrapassam as barreiras entre as existências.

No presente caso, o instrutor funcionou como terapeuta, ao conscientizar Marilena quanto à estreita ligação entre as suas reações e as experiências traumáticas da existência passada, que ela conhecia muito bem. Também ao fazê-la entender que, doravante, seria bem mais fácil a superação total do problema, em virtude da libertação do esposo dos seus próprios conflitos.

É importante fazermos todo esforço para vivermos "vida tranquila e mansa, com toda piedade e respeito", como aconselha o apóstolo Paulo (1 Timóteo, 2:2).

# Rebeldia

Marcivânia é uma trabalhadora espírita que aproveita o sono para participar de cursos que se realizam no Mundo Espiritual.

No passado remoto, foi muito rebelde com a família e contestava os pais, quase sempre, com palavras duras. Além disso, passava noites fora de casa, sem avisá-los, deixando-os sempre apreensivos, com dificuldade de conciliar o sono.

Quando criança, fora um tanto travessa, incomodando os parentes e vizinhos.

Como estudante, foi contestadora: liderava, com desenvoltura, os colegas, e tentava doutriná-los, insuflando-lhes ideias contrárias ao governo.

Nas existências posteriores, envidou esforços para melhorar o seu temperamento, combatendo, em especial, a sua propensão para a rebeldia. Aproveitou, também, as oportunidades para reparar o mal que havia causado aos outros, principalmente aos pais.

Obteve êxito, sobretudo porque aprendeu a resignar-se e ser mais tolerante e compreensiva com o semelhante.

Na presente encarnação, nasceu num lar cujos pais são espíritos menos adiantados do que ela. Mesmo com essas limitações, procura acatar tudo o que lhe recomendam. Como isso não é possível, frequentemente, entra em conflito e apresenta episódios de angústia. Com os esclarecimentos que foi obtendo, gradativamente, no decorrer das aulas, entendeu que tinha condições de aproveitar-lhes todas as boas sugestões e, com habilidade e sem contestação, atender ao seu bom senso, com relação àquelas que lhe parecessem menos adequadas.

Após compreender a sua verdadeira situação, elevou o pensamento ao Criador, através da linguagem da prece, mais ou menos com essas palavras:

"Pai de infinita bondade,

Obrigada por permitir que eu compreendesse os motivos das minhas dificuldades de relacionamento com os meus paizinhos. Hoje, sei que fui responsável por todos os meus tropeços. O Senhor, com Sua infinita compreensão, possibilitou-me companhias salutares para que eu pudesse reconhecer os meus equívocos e poder repará-los. Ajude-me!"

•••

É compreensível que o ser humano conteste os costumes ultrapassados, as atitudes despóticas, a servidão e tudo o que é injusto. O que é condenável é a rebeldia contra a disciplina, as medidas educativas e as que se enquadram dentro dos padrões da Justiça Divina.

Conforme relata a Bíblia, o povo judeu, frequentemente, rebelava-se contra os decretos divinos e seguia o culto a Baal. Agia, pois, em seu desfavor, prejudicava-se.

Quanto menos adiantado o espírito, maior propensão tem para a rebeldia contra o que é justo. Assim, desvia-se das leis de Deus e comete muitos equívocos, o que requer reparação, ainda que mais tarde.

O presente relato enquadra-se nesse caso. À medida que se adiantou moralmente, compreendeu que suas reações lhe trouxeram prejuízos de ordem moral que precisaram ser reparados, muito mais através da verdadeira educação do que de expiação, como costuma acontecer com os deslizes que o homem comete no campo da ética.

À medida que passa a viver segundo os padrões do Evangelho, aprende a ser manso e não deixa mais espaço para a rebeldia.

É por isso que Jesus é enfático: "Bem-aventurados os mansos, porque herdarão a Terra" (Mateus, 5:5). Essa será a característica principal dos espíritos que continuarão a reencarnar no nosso planeta depois que passar pela transformação de mundo de expiação e provas para o de regeneração.

A melhor solução consiste, pois, em esforçar-se por conquistar a mansidão.

# *Saber ouvir*

Numa das aulas de um dos cursos que se realizam no Mundo Espiritual, logo após o início da exposição do instrutor espiritual sobre a importância de saber ouvir, subitamente, uma senhora chamada Mirtes, um tanto agitada, adentrou o recinto, interrompendo o palestrante. Sem pedir licença, começou a falar alto e de maneira ininterrupta. O mentor permaneceu em silêncio e fez com que os participantes entendessem que deveriam adotar atitude idêntica.

Abordou fatos da sua vida e a sua longa experiência no campo da mediunidade. Sempre gesticulando muito, deixava evidente a tendência que tinha de falar excessivamente.

De repente, silenciou e perguntou:

– Por que vocês me olham assim e nada perguntam?

O instrutor deixou a palavra com os alunos, para que um deles respondesse. Logo, surgiu um voluntário:

– Ouvimos a senhora com atenção e respeito. Um dos objetivos do nosso curso é exercitar o dom de ouvir. Quando o iniciei, não sabia respeitar o direito que as pessoas têm de falar. Interrompia-as para expor as minhas opiniões. Fazia com que fossem vistas como leis, intocáveis, que não podiam ser alteradas. Hoje, compreendo a importância de saber ouvir. Com isso, sinto que estou mais próximo dos meus familiares e das pessoas que convivem comigo.

Mirtes percebeu que ele demonstrava contentamento pelo progresso espiritual que havia conquistado.

Interrompendo o seu silêncio, o instrutor perguntou-lhe se sabia explicar por que motivo não foi impedida de continuar a sua alocução, mesmo tendo interrompido a aula, e por que todos a ouviam atentamente e em silêncio?

Ela argumentou que sempre falava de assuntos construtivos, que era espírito pleno de maturidade e com muita vivência espiritual.

Deixou evidente que se julgava pronta para aconselhar e que as pessoas deveriam espelhar-se nos seus exemplos. Não percebia que era dominada por espíritos desprovidos de sensatez, que agiam com o objetivo de confundir-lhe as ideias e induzi-la a falar compulsivamente.

Naquele momento, percebeu que fora ouvida com atenção, porque todos eram educados e disciplinados e haviam aprendido a ouvir.

No clima de serenidade e paz que predominava no ambiente e longe da forte influência das entidades infelizes que a fascinavam, caiu em si. Compreendeu que tinha verdadeira compulsão para falar e que, possivelmente, muitas vezes, as pessoas a ouvissem a contragosto.

Os alunos do curso, naquele dia, tiveram uma aula teórico-prática.

•••

Muitos homens têm dificuldade de ouvir com atenção e silêncio o que os outros dizem, não só no lar, como também no meio social. Se não é fácil para uma pessoa normal desenvolver essa qualidade, para as que são compulsivas para falar, isso só é possível com grande esforço e perseverança.

A falta de costume de escutar e o hábito de conversar antes da hora, com o tempo, tornam-se automáticos, difíceis de resistir.

Interromper a conversação, falar ao mesmo tempo, ceder ao irresistível desejo de palrar, monopolizar a palavra ou exibir cultura não são atitudes elegantes.

Todos temos o direito de expor as nossas opiniões, mas temos igualmente o dever de escutar as dos outros.

Se quisermos que as nossas ideias sejam respeitadas, tomemos o cuidado de respeitar as dos outros.

Os palradores não têm tempo para pensar direito, nem a calma necessária para organizar os argumentos e equivocam-se mais vezes.

Precisamos nos conscientizar de que há tempo para cada coisa, como ensina a Bíblia: "Há tempo de ficar calado e tempo de falar" (Eclesiastes, 3:7).

Se quisermos ser bem sucedidos no que pretendemos expressar, precisamos, primeiro, aprender a prestar a atenção no que os outros exprimem, assim como refletir bastante.

Pondera o Cristo: "E todo aquele que ouve estas minhas palavras e as pratica será comparado a um homem prudente que edificou a sua casa sobre a rocha" (Mateus, 7:24). Isso quer dizer que o homem prudente procura conhecer os ensinamentos, medita-os longamente e esforça-se por colocá-los em prática.

Demonstra bom senso aquele que silencia quando não domina o assunto em pauta, deixando que outros mais preparados o abordem.

# *Os trabalhadores espíritas e a família*

O tema abordado pelo instrutor espiritual, na presença de vários encarnados, em desdobramento, foi a responsabilidade do trabalhador da seara espírita. Como era numerosa a presença de médiuns, enfocou a prática da mediunidade, enfatizando que não se pode prescindir do comportamento ético-moral.

De modo geral, na fase preparatória para nova encarnação, os espíritos assumem compromisso, seja de cuidar da família, seja de trabalhar na Seara Espírita. Todavia, quando encarnados, muitos priorizam conquistas materiais, deixando em segundo plano as espirituais. Por outro lado, outros dedicam-se excessivamente às atividades espirituais, deixando em segundo plano a assistência aos familiares, que é igualmente importante.

É ideal que todos cumpram tais compromissos, mas de maneira equilibrada, para que não se dediquem mais a uns em prejuízo dos outros. No tocante à família, ressaltou que a caridade deve começar de casa.

Após a exposição, os presentes puderam formular perguntas.

Tânia, uma senhora que era médium e evangelizadora infantojuvenil, perguntou:

– Como posso saber a quantidade de atividades que devo assumir?

Querendo levá-la a raciocinar, o instrutor respondeu através de duas perguntas:

– Qual o seu estado civil? Tem filhos?

Ela respondeu:

– Sou casada e tenho dois filhos jovens.

Ele voltou a interrogá-la:

– Acompanha-os nas atividades escolares, nos deveres de casa?

Ela esclareceu:

– Quase não tenho tempo para eles, mas examino os boletins ao fim de cada bimestre. Fazem as tarefas sozinhos desde pequenos, pois tenho que dar as ordens para a minha ajudante de casa, desempenhar as atividades profissionais, preparar as aulas de evangelização e cumprir os compromissos mediúnicos.

O instrutor questionou-a uma vez mais:

Como reagem os seus familiares diante dessa situação?

Com ar pensativo, ela respostou:

Tanto as crianças como meu esposo se ressentem.

À medida que raciocinava para responder aos questionamentos do instrutor, ela mesma foi concluindo que deveria reavaliar os compromissos assumidos e fazer um novo planejamento das suas atividades.

•••

O conhecimento espírita conscientiza-nos de que reencarnamos para evoluir; que essa é a finalidade da nossa existência; que não podemos perder a oportunidade e o precioso tempo que Deus nos concede; que precisamos estudar bastante e trabalhar na seara do bem. Dessa forma, assumimos muitas atividades, para não corrermos o risco de chegar ao Mundo Espiritual com reduzida bagagem de realizações.

Com essa preocupação, frequentemente, não consideramos igualmente sérios os compromissos assumidos com os espíritos que formam conosco o núcleo familiar.

Os Espíritos recomendam-nos ajudar aos outros dentro de nossas possibilidades; todavia não podemos esquecer a obrigação de promover a assistência àqueles com os quais estabelecemos vínculos mais estreitos. Os compromissos que assumimos com eles, especialmente no campo da educação e evangelização, não são menos importantes do que aqueles que podemos desempenhar na Seara Espiritual.

Se a caridade deve começar com os próprios familiares, não é conveniente deixá-los em segundo plano, a pretexto de servir ao próximo.

Precisamos aprender "a exercer piedade com os da própria casa", como recomenda Paulo (1Timóteo, 5:4).

O ideal é que tanto a mulher, quanto o homem que assumiram esse tipo de compromisso, procurem dosar as suas atividades doutrinárias, de maneira que consigam o equilíbrio entre a dedicação ao trabalho espiritual e a assistência ao lar.

# *Transformação*

Durante uma aula do curso de aperfeiçoamento de orientadores de comportamento ético-moral, ministrado no Mundo Espiritual, do qual participam vários trabalhadores encarnados em desdobramento que o sono proporciona, o instrutor ressaltou a importância da disciplina nas atividades profissionais ou espirituais.

Finda a elucidativa explanação, Manoel, um dos frequentadores mais recentes, muito assíduo, explicou que foi extremamente importante a sua permanência no curso, num grupo participativo, pois isso possibilitou-lhe entender que a maneira como ele e Josefa, a esposa, conduziam o lar não era adequada e que precisariam usar de mais disciplina, a fim de conduzir melhor a educação de um de seus filhos.

Visando o aprendizado geral, dispôs-se a fazer o relato da situação.

José, o filho mais velho, era calmo, disciplinado, organizado, bondoso e responsável. Possuía notáveis habilidades artísticas e participava de um grupo de arte. Executava as suas tarefas escolares com esmero e sabia fazer bom uso do computador para realizar suas pesquisas, especialmente em assuntos de saúde pública. Devido à sua maturidade espiritual e desejando aproveitar o tempo para evoluir moralmente, participava de cursos no Mundo Maior e, na Terra, por iniciativa própria, procurou uma instituição religiosa para participar das aulas de moral cristã.

Paulo, o filho mais novo, era egocêntrico e melindroso. Não gostava de estudar nem de ler. Raramente fazia as tarefas escolares e tinha baixo rendimento nos estudos. Seus cadernos sempre traziam observações de professores. Utilizava o computador para atividades improdutivas e perigosas e preferia navegar por sites não recomendáveis. Além disso, invejava a desenvoltura do irmão.

Por não acompanharem o desempenho escolar dos filhos, os pais desconheciam a situação do filho caçula.

José empenhava-se em ajudá-lo, mas sem lograr êxito, pois ele não lhe aceitava conselhos nem auxílio.

Por diversas vezes, tentou alertar os pais quanto ao comportamento do irmão, porém não conseguiram entender suas nobres intenções; por isso, resolveu não insistir.

Religioso nato, continuou a buscar ajuda para o irmão através das preces que dirigia a Deus e a Jesus, rogando-lhes que o amparassem, induzindo-o a realizar a transformação que se fazia urgente e necessária.

Certo domingo, ao amanhecer, lembrou-se das orientações do instrutor espiritual no sentido de comentar o assunto com a sua professora de moral cristã. No mesmo dia, colocou-a a par da situação, sendo por ele instruído no sentido de formular ao mano o convite para que viesse ajudar na preparação das festividades de encerramento semestral das aulas, oportunidade em que seria apresentada uma peça teatral que tratava do sacrifício de Jesus pelos homens.

Aceito o convite, Paulo ajudou a fazer a decoração do cenário e gostou da experiência. Isso serviu para despertar-lhe o interesse pelas aulas.

A professora havia conseguido, juntamente com os mensageiros divinos, contagiar o garoto com o encantamento das belezas espirituais.

José, radiante de alegria e contentamento, agradeceu a Deus e a Jesus por terem atendido a seus pedidos.

No Plano Espiritual, ele e tia Iza pediram ao instrutor que intercedesse para que os pais comparecessem ao local das aulas de moral cristã para tomarem conhecimento do que ocorria com o filho.

O mentor convidou-os a orarem, juntos, a Deus e a Jesus, rogando-lhes que fizessem com que os pais despertassem para realizar a parte que lhes competia na educação moral dos filhos.

Manoel despertou antes da esposa e solicitou o ensejo de participar, durante o sono, do curso. Não tardou a ter oportunidade de tomar conhecimento de tudo o que ocorria, inclusive de observar as cenas que eram projetadas numa tela sensível.

Como era necessário que Josefa também se inteirasse dos fatos, ele e os trabalhadores espirituais passaram a orar sistematicamente por ela, ao mesmo tempo em que lhe proporcionavam assistência espiritual.

Chegou o momento do seu despertar. No ambiente espiritual, igualmente teve o ensejo de ouvir o relato e ver na tela os acontecimentos. Ela e o esposo puderam constatar a transformação de Paulinho, que, a essa altura, já colaborava com a evangelizadora na coordenação de um grupo infantil, com singelo ato de amor, ordem e desenvoltura.

Comovidos, abraçados, enviaram preces de agradecimento ao Criador e ao Mestre.

Naquele memorável dia, vieram a saber que José, o filho mais velho, é um espírito mais evoluído, que veio à Terra para ajudar o irmão e seus pais. Em outras existências, soube aproveitar as oportunidades que recebera, adquirindo respeitável bagagem espiritual e desenvolvendo hábitos de disciplina.

Com a nova postura educativa dos pais e os ensinamentos que ia adquirindo nas aulas de moral cristã, a transformação de Paulinho tornava-se cada vez mais perceptível.

•••

Ensina o Espiritismo que Deus instituiu a reencarnação como meio de ensejar aos espíritos as condições de se aperfeiçoarem, pois foram criados simples e ignorantes e precisam trabalhar pela sua evolução espiritual, a fim de conquistarem a felicidade.

No estágio em que se encontram na Terra, são ainda muito imperfeitos, muitas vezes resvalando para o erro, devido às más tendências. Nessa condição, além de serem infelizes, causam preocupação e sofrimento aos que os amam.

Necessitam, portanto, passar por profunda transformação moral, para implantarem o reino de Deus no íntimo e tornarem-se iluminados. A eles – a nós, por conseguinte, –, aplicam-se as palavras de Paulo: "E não vos conformeis com este século, mas transformai-vos pela renovação da vossa mente, para que experimenteis qual seja a boa, agradável e perfeita vontade de Deus" (Romanos, 12:2). As barreiras estão na nossa mente. Necessário afastá-las definitivamente.

Imprescindível, também, libertarmo-nos da ignorância, que é uma algema poderosa que nos aprisiona ao passado de inferioridade. Eis que Jesus nos recomenda: "Conhecereis a verdade, e a verdade vos libertará" (João, 8:32). Não há dúvida de que o Mestre refere-se ao conhecimento superior que eleva a nossa compreensão espiritual.

Precisamos, pois, aproveitar todo o tempo para investirmos na nossa transformação e renovação...

# Um jovem diferente

Flávio foi um jovem que cultivou amizade com um grupo de roqueiros e pixadores que haviam optado por viver em plena liberdade. Ele dialogava com os demais, mas deles distoava por adotar costumes mais saudáveis e, frequentemente, afastava-se para ler, meditar e orar.

Não gostava de participar dos planos arquitetados pelos amigos, mas conhecia-lhes muito bem os ideais e as particularidades de cada um.

Seus pais haviam adotado uma vida livre e nômade. Ele, no entanto, graças ao discernimento, boa vontade e dedicação aos estudos, aproveitava bem o tempo para evoluir, não só na Terra, como também no Mundo Espiritual, onde, durante o sono, fazia cursos visando o seu aperfeiçoamento.

Manteve esse padrão de conduta até que, ainda novo, voltou à Pátria Verdadeira.

Não se passaram muitos anos e reencarnou com o objetivo de ajudar os jovens que seguiam o enganoso caminho das drogas e do álcool.

Voltou num lar modesto, pobre. Os pais eram adeptos do Espiritismo e encaminharam-no, desde cedo, às aulas de Evangelho.

Na juventude, além de estudar, foi trabalhar numa pizzaria, com o objetivo de ajudar nas despesas de casa.

Disciplinado, dividia bem o tempo, de modo a cumprir, com esmero, todas as suas obrigações.

Um dia, um moço que pertencia a um grupo de funks, frequentador assíduo do local, encomendou pizzas para a galera e pediu-lhe um desconto acima do que era permitido pelo proprietário do estabelecimento.

Pacientemente, Flávio explicou que era apenas um empregado e não poderia conceder abatimento superior ao permitido.

Irritado e com o estado de consciência alterado pelas drogas que havia consumido, o rapaz sacou do bolso uma arma de fogo e atirou no peito de Flávio, que, imediatamente, desencarnou.

O bondoso jovem não teve dificuldade de desprender-se do corpo e das coisas materiais, sendo recebido afetuosamente pelos amigos espirituais.

Numa das aulas do curso de aperfeiçoamento de médiuns, que se realiza no Mundo Espiritual, com a presença de vários medianeiros em desdobramento, Flávio fez um depoimento sobre essa última existência, esclarecendo que havia reencarnado com o objetivo de ajudar um grupo de espíritos. Jovem, ainda, concluiu a tarefa e pôde voltar para a Pátria Espiritual.

Apesar de ter sido vítima de homicídio, rapidamente adquiriu lucidez.

Gostaria muito de ajudar os seus familiares e os jovens daquele grupo, especialmente o moço responsável pelo ato imprudente, que não soube aproveitar as abençoadas oportunidades dadas pelo Pai Maior. Para isso, estava disposto a enviar-lhes uma carta por via mediúnica, porém sabia que não seria fácil ser aceito por ter desencarnado havia tão pouco tempo. Por esse motivo, a sua ideia não foi concretizada.

O sacrifício de Flávio, entretanto, não foi em vão. Vários moços, chocados com o homicídio sem nenhuma justificativa, compreenderam que não compensava continuar naquele caminho dos vícios e do sexo livre e o abandonaram.

•••

Muitos jovens têm seguido essas modas que aparecem de quando em quando. Nem todos se envolvem da mesma maneira: uns participam apenas por divertimento; outros praticam todo tipo de excesso, sem valorizarem a própria vida e a saúde.

Costumam ouvir música excessivamente alta, abusar de bebidas alcoólicas e consumir drogas euforizantes. Esses abusos têm sido responsabilizados por desequilíbrios vários, enfermidades físicas, transtornos mentais, episódios de irritabilidade e violência. Além disso, crimes não são incomuns, e comportamento sexual sem a devida responsabilidade, são muito frequentes.

Há jovens que se comportam de maneira muito extravagante, com penteados exóticos, chocando pessoas, inclusive crianças.

Pela sua conduta e modo de vida, não é raro sofrerem a influência de espíritos inferiores, que lhes estimulam o comportamento inadequado.

Os que não mudam a direção da própria vida a tempo, chegam ao Mundo dos Espíritos em situação tanto mais difícil, quanto mais excessos cometem.

A eles recomenda Paulo: "Já é hora de vos despertardes do sono; porque a nossa salvação está, agora, mais perto do que quando no princípio cremos" (Romanos, 13:11). Os que se encontram nessa condição precisam aproveitar a experiência no corpo para saírem desse sono e investirem na melhoria espiritual, na iluminação interior.

Para males tão preocupantes como esse, o grande remédio é a educação fundamentada no Evangelho. Grande contribuição pode dar o Espiritismo com os ensinamentos esclarecedores dos espíritos, que nos fornecem os elementos para compreendermos a importância da encarnação e do aproveitamento do tempo na Terra.

Estruturar bem a família e dar formação religiosa segura para as crianças e jovens – Evangelho no lar e a evangelização no centro espírita, entre outras medidas – são recursos indispensáveis.

●●●

Conscientes do mal que esses jovens fazem a si mesmos, espíritos caridosos não hesitam em sacrificar-se para ajudá-los.

Ao longo dos séculos, muitos têm reencarnado, na condição de mães ou outro grau de parentesco, dispostos a se sacrificarem, com a finalidade de ajudar algum ente querido nas suas provas e expiações. Da mesma forma, outros têm vindo à Terra, com o sacrifício de si mesmos, para ajudar determinadas coletividades.

Grandes vantagens tiram os que assim se sacrificam, porque impulsionam a sua evolução espiritual e aumentam os créditos pessoais perante Deus, que, por ser infinitamente justo e bom, tudo retribui de acordo com os méritos de cada um.

•••

Após a desencarnação, todos passamos por um período de perturbação, que perdura por horas, meses ou anos. A duração dessa fase depende da evolução do espírito. É mais longa nos menos evoluídos e bem mais curta nos mais adiantados. Allan Kardec apresenta-nos alguns casos no seu livro O Céu e o Inferno. Um deles é o de Sanson, cuja perturbação durou apenas oito horas. A sua condição espiritual era tão boa, que ele se comunicou no mesmo dia do seu passamento. Sem dúvida, isso se deu depois do período de perturbação.

A maneira como se dá o desenlace influencia na perturbação. Esta é menos intensa, quando ocorre por doença prolongada ou na idade avançada; pelo contrário, é mais acentuada na morte violenta. Contudo, aqui, também, o grau evolutivo tem grande importância. Nos mais adiantados, a influência é mínima. O passamento de Paulo de Tarso foi de modo violento, como nos relata Emmanuel, no seu livro Paulo e Estêvão, psicografado por Francisco Cândido Xavier; todavia, logo que seu corpo tombou, o espírito desprendeu-se, conservando a lucidez.

Não se deve, pois, estabelecer regras absolutas na avaliação das possibilidades que tem um recém-desencarnado de comunicar-se. O que se faz necessário é submeter a comunicação a cuidadoso exame, de acordo com as orientações de Allan Kardec e dos instrutores espirituais, contidas em O Livro dos Médiuns.

# Unhas roídas

Marilena sabia aproveitar o tempo do sono para participar dos cursos que se realizam no Mundo Espiritual, bem como trabalhar nas equipes de assistência.

O seu progresso espiritual era significativo; todavia ainda não tinha conseguido superar completamente o hábito de roer unhas, posto que ainda não conseguira suportar todas as crises de ansiedade resultantes de situações estressantes, sem apresentar recaídas.

Vários espíritos vinham usando diferentes recursos e estratégias para ajudá-la a vencer de vez essa compulsão; todavia, as recaídas ocorriam esporadicamente, embora cada vez mais espaçadas e de curta duração, e não mais comprometiam as unhas de todos os dedos.

Depois de algumas semanas sem nenhuma recaída, já com elas crescidas e bonitas, quase sem perceber, mordeu uma delas, que ficou menor do que as outras. Imediatamente, conteve-se.

Naquele dia, no Plano Espiritual, depara-se com um espírito, que estava de braços cruzados e as mãos ocultas. Calmamente, disse-lhe:

– Marilena, eu não usarei estratégias prolongadas e somente palavras doces, como os outros amigos espirituais fizeram, pois quase todos os recursos já foram utilizados contigo; serei direto. És conhecedora dos ensinamentos de Jesus e consciente de que teus dedos ficam esteticamente feios, o ato é deselegante e prejudicial à saúde e não combina com tua postura elegante e delicada de ser. Não és mais criança. Por que continuares deformando a beleza fenotípica natural que Deus te deu? Tens ideia de quantas pessoas quereriam ter as mãos e dedos tão belos quanto os teus?

Nesse momento, descruza os braços, e ela, com lágrimas nos olhos, observa que lhe faltavam as duas mãos...

O espírito pede-lhe que não sinta piedade, e despede-se, serenamente, desejando-lhe paz e solicitando-lhe que reflita sobre o que foi mostrado.

Marilena compreende que teve uma verdadeira lição de vida e, sensibilizada, agradece àquele irmão fraterno. Imediatamente, eleva sentida prece de agradecimento a Deus e a Jesus, rogando-lhes em favor do amigo, que já se retirava. Captando-lhe as vibrações, ele, já à distância, acena-lhe, abanando os braços.

•••

"Eis que o Senhor Deus me ajuda" (Isaías, 50:9).

Todos recebemos ajuda do Pai Supremo no esforço que empreendemos para superar as nossas fraquezas, sobretudo quando pedimos socorro com sinceridade. Muito frequentemente, o auxílio vem através dos seus emissários, que têm a máxima boa vontade de colaborar na sua obra sublime.

Várias estratégias já haviam sido utilizadas em favor de Marilena e a sua melhora era indiscutível, pois suas unhas já estavam crescidas, normais, quando deu uma mordida. Foi o suficiente para que os servidores do Mundo Maior agissem rapidamente, através daquele espírito, que não perdia a oportunidade de ser útil ao próximo, para, indiretamente, ajudar a si mesmo.

Marilena havia tido progresso significativo, no entanto, um impacto marcante, ensejar-lhe-ia a oportunidade de mandar uma mensagem enérgica ao seu inconsciente, para dar mais um passo importante com o objetivo de erradicar-lhe essa compulsão.

É importante ressaltar que é indispensável cada um fazer a parte que lhe compete para superar completamente o problema.

# *Valores espirituais renovadores*

Numa das aulas de um dos cursos que se realizam no Mundo Espiritual, o instrutor teceu importantíssimos comentários sobre a necessidade inadiável que o homem tem de procurar conquistar os valores espirituais renovadores.

Com finalidade elucidativa, Carlúcio relatou a sua experiência.

Passou boa parte da vida trabalhando com o objetivo de conseguir realização profissional, casa para morar, condições de manter a família e educar os filhos.

Quando atingiu essa meta, apesar de haver conquistado estabilidade e respeito, não se mostrou satisfeito. Ambicionava mais. Continuou trabalhando muito para aurir riqueza, poder e fama. Assim, ocupava quase todo o tempo disponível investindo no progresso material.

À medida que se destacava, despertava, cada vez mais, a cobiça de outros homens, igualmente ambiciosos, que dele se aproximavam com o fito de tirar algum proveito. Com isso, adquiriu vários amigos novos, que lhe apoiavam as iniciativas, o esforço, o trabalho excessivo; todavia, poucos eram sinceros e desinteressados.

Por outro lado, os pensamentos eivados de ambição, que lhe dominavam a mente exerciam poderosa atração sobre os espíritos imperfeitos, fortemente ligados às coisas materiais, que o influenciavam, reforçando-lhe a ambição.

Estabelecida a sintonia com os novos amigos e com essas entidades de má índole, passou a acatar-lhes as sugestões, gastando quase todo o tempo no esforço para acumular bens materiais. Sua mente permanecia centrada nesses desejos, não lhe sobrando tempo para se voltar para as questões espirituais; eis por que estas ficavam relegadas a segundo plano, e ele permanecia estacionado com relação ao progresso espiritual.

A felicidade tão sonhada nunca chegava...

Os anos sucederam-se, sem que ele alterasse o ritmo de vida.

Chegou o momento da grande viagem. A bagagem material era grande, assim como o apego à matéria; por outro lado, os valores espirituais acumulados eram muitíssimo pobres.

Sem méritos para ser acolhido pelos socorristas do Mundo Maior, permaneceu no plano espiritual inferior – o umbral –, no desagradável convívio com os espíritos infelizes que ali vivem, até que manifestou o desejo de renovar-se e conquistar uma condição espiritual melhor.

Recolhido pelos servidores do bem, tão logo compreendeu as oportunidades malbaratadas, procurou aproveitar o tempo, no esforço para conquistar os valores espirituais renovadores...

•••

O ideal é que o homem aproveite todo o tempo de existência para conquistar os valores espirituais renovadores, que são indispensáveis para impulsionar a evolução do espírito, sem prejuízo do trabalho digno, que faz parte das atividades que deve desempenhar na Terra.

Quando se envolve muito com os compromissos da vida material, quase sempre descuida-se da vida espiritual, que é essencial. Alguns compreendem isso na idade avançada, quando a maturidade os induz a refletir sobre os valores morais; outros só despertam depois da desencarnação, já no Mundo Espiritual, e lamentam as oportunidades desperdiçadas. Dentre esses, há os que desencarnam sem o devido preparo, e com grande apego à matéria.

É oportuno o ensinamento de Mestre: "Buscai, pois, em primeiro lugar, o seu reino e a sua justiça, e todas estas coisas vos serão acrescentadas" (Mateus, 6:33). Pertinente, também, a observação de Paulo: "Por isso, não desanimemos, pelo contrário, mesmo que o nosso homem exterior se corrompa, contudo, o nosso homem interior se renova de dia em dia" (2 Coríntios, 4:16). Para seguirmos efetivamente os ensinamentos evangélicos, não podemos colocar em segundo plano as questões espirituais. Por outro lado, quem vive com o homem exterior corrompido pelas coisas materiais e o interior estagnado para a renovação moral chega em condições muito ruins ao Mundo Espiritual.

É ideal, pois, que todos despertem, enquanto há tempo de mudar os rumos da própria vida, que se valham da humildade para reconhecer as imperfeições e os equívocos na utilização do tempo e das oportunidades que lhes foram concedidas pelo Criador, trabalhando, com perseverança, pelo aperfeiçoamento moral, pela iluminação interior, pela edificação do reino de Deus no íntimo. Em outras palavras, é necessário que busquem conquistar os valores morais renovadores, condições indispensáveis para que atinjam uma posição espiritual mais elevada, não só depois que passam a habitar o Mundo Maior, como também enquanto encarnados.

# *Vícios*

Várias pessoas, que ainda não tinham conseguido libertar-se de vícios e alguns maus hábitos, foram convidadas a participar de uma reunião no Mundo Espiritual, durante o sono físico. Estavam presentes os que faziam uso abusivo ou eram dependentes de álcool, fumo, drogas, medicamentos, cacoetes diversos e maus hábitos.

Após a prece inicial, os participantes apresentaram-se e explicaram os motivos que os levaram à reunião. Em síntese, todos buscavam apoio para se livrarem do problema que os afligia.

O instrutor espiritual abordou o tema nas suas mais diversas facetas. As modificações da maioria dos presentes eram visíveis. Sentiam-se mais fortalecidos, confiantes e esperançosos.

Alguns, no entanto, não escondiam que não estavam dispostos a colocar todas as orientações em prática, principalmente Mário, médico dermatologista, que fumava, exagerava no uso de bebida alcoólica nos finais de semana e roía as unhas.

Ele não escondia o que pensava e sentia:

– O cigarro proporciona-me prazer e tranquilidade e a cerveja e o uísque encorajam-me na tomada de decisões, asseverou.

Um ex-dependente, que viera para colaborar, perguntou-lhe:

– Será mesmo que esse rolinho de papel e fumo traz tanto prazer ou necessitas dele como amuleto para tocar a tua vida para frente?

– Bem, eu... Silenciou.

– Informaste que a quantidade de bebida ingerida aumenta a cada final de semana. Ela encoraja-te, ou camufla tuas fraquezas temporariamente? Como te sentes no dia seguinte?

– Bom!... A bebida esconde um pouco a minha falta de habilidade de lidar com os problemas. Fico péssimo no dia seguinte, mal posso trabalhar. Sinto-me depressivo e arranco grandes lepos de unha. Os pacientes já andam percebendo as minhas mudanças de humor. Nesse momento, torceu os lábios e disse:

– Quando penso nisso, fico tão nervoso que torço os lábios e mordo o lado interno das bochechas.

Em seguida, caiu em si, chorou arrependido e disse:

– Compreendo, agora, que estou muito equivocado por fumar, beber e roer unhas, por não ouvir os amigos e parentes que tentam ajudar-me e ficar encolerizado com eles; por ter provocado o prolongamento dessa reunião por tanto tempo com a minha teimosia.

Os demais presentes permaneceram em silêncio, vibrando para que ele conseguisse a sua libertação.

O instrutor continuou a envolvê-lo com amor fraternal, ofereceu-lhe o lenço para que se recompusesse e convidou-o a formular a prece de encerramento.

Já sentindo os efeitos benéficos desse importante passo para a sua libertação, orou sinceramente, agradecendo ao Supremo pela oportunidade que lhe foi concedida.

●●●

Os vícios e maus hábitos são costumes prejudiciais que o ser humano adquire pela repetição, enraizando-se, com o tempo, na mente e transformando aqueles que a eles se entregam em verdadeiros escravos psíquicos.

Quem não se esforça por libertar-se do seu jugo e desencarna nessa situação, grava-os nos arquivos do inconsciente, levando-os consigo para futuras encarnações sob a forma de más tendências. Isso explica as razões por que muitos demonstram forte propensão para se envolverem, precocemente, com o consumo de tabaco, álcool e drogas.

A melhor escolha é a prevenção. É não arriscar nunca. É não dar o primeiro passo. Quando, porém, já passou pela iniciação, ou já se encontra na fase de abuso ou dependência, a medida mais adequada consiste em parar imediatamente, sem fazer nenhuma despedida. Nesse último caso, é preciso atentar para as palavras do Mestre: "Aquele, porém, que perseverar até ao fim, esse será salvo" (Mateus, 10:22). Portanto, é não desistir nunca; é evitar, por todos os meios, as recaídas; é resistir aos convites, às insinuações e às pressões de homens e espíritos obsessores;

é persistir na utilização dos recursos que salvam, que libertam...

É necessário cair em si e desejar do fundo da alma a salvação, e isto é a libertação dos maus hábitos, más tendências e das dependências.

O caminho seguro consiste em acionar a vontade para limpar a mente de todo tipo de impureza e fazer a reforma íntima, com o estudo do Evangelho, cultivo de pensamentos positivos, bom humor, ânimo firme, oração e prática do bem. Assim, não só terá condições de livrar-se dos vícios e maus hábitos, como também da influência dos homens e dos espíritos obsessores.

*Nosso livro*

Formato: 14x21 cm
Tipologia: ITC Souvenir (texto)
Bellevue (títulos)
Papel: Alta Alvura Alcalina Suzano 75 grs (miolo)
Cartão Supremo Sz 250 grs (capa)

*Revisão de Língua Portuguesa*
Cinthia Maria Ramazzini Remaeh

*Projeto gráfico, diagramação e capa*
Angela dos Santos Luiz